红色广东丛书

广东中央苏区

丰顺革命简史

中共广东省委党史研究室
中共梅州市委党史研究室
丰顺县史志办公室　编著

SPM
南方出版传媒
广东人民出版社
·广州·

图书在版编目（CIP）数据

广东中央苏区丰顺革命简史 / 中共广东省委党史研究室，中共梅州市委党史研究室，丰顺县史志办公室编著. —广州：广东人民出版社，2021.6

（红色广东丛书）

ISBN 978-7-218-15017-8

Ⅰ. ①广… Ⅱ. ①中…②中…③丰… Ⅲ. ①中央苏区—革命史—丰顺县 Ⅳ. ① K269.4

中国版本图书馆 CIP 数据核字（2021）第 097612 号

GUANGDONG ZHONGYANG SUQU FENGSHUN GEMING JIANSHI

广东中央苏区丰顺革命简史

中共广东省委党史研究室
中共梅州市委党史研究室 编著
丰顺县史志办公室

版权所有 侵权必究

出 版 人：肖风华

责任编辑：沈晓鸣 王智欣
封面设计：河马设计 李卓琪
责任技编：吴彦斌 周星奎
排版制作：广州市广知园教育科技有限公司

出版发行：广东人民出版社
地　　址：广州市海珠区新港西路 204 号 2 号楼（邮政编码：510300）
电　　话：（020）85716809（总编室）
传　　真：（020）85716872
网　　址：http://www.gdpph.com
印　　刷：广东鹏腾宇文化创新有限公司
开　　本：787 mm×1092 mm　1/16
印　　张：11　　　　字　数：115 千
版　　次：2021 年 6 月第 1 版
印　　次：2021 年 6 月第 1 次印刷
定　　价：38.00 元

如发现印装质量问题，影响阅读，请与出版社（020 — 85716849）联系调换。
售书热线：（020）85716826

《红色广东丛书》编委会

《广东中央苏区革命简史》编委会

主　任：陈春华

副主任：刘　敏　邓文庆

编　委：姚意军　张启良

《广东中央苏区丰顺革命简史》编辑部

主　编：卢胜文

副主编：曾杏美　简光瑞

编　辑：张国强　黄喜勤　曾　波　文会玲

　　　　谢定锋　肖晓春　叶铭杰　陈志纯

总　序

　　百年征程波澜壮阔，百年大党风华正茂。习近平总书记在党史学习教育动员大会上指出："我们党的一百年，是矢志践行初心使命的一百年，是筚路蓝缕奠基立业的一百年，是创造辉煌开辟未来的一百年。"翻开风云激荡的百年党史，一代又一代中国共产党人，用鲜血和生命浸染了党旗国旗的鲜亮红色，书写了可歌可泣的历史篇章，铸就了彪炳史册的丰功伟绩。一百年来，党的红色薪火代代相传，革命精神历久弥坚，红色基因已深深根植于共产党人的血脉之中，成为我们党坚守初心、永葆本色的生命密码。

　　广东是一片红色的热土，不仅是近代民主革命的策源地，也是国内最早传播马克思主义、最早成立共产党早期组织的省份之一。在新民主主义革命的漫长历程中，广东党组织在中共中央的领导下，发动、组织和领导广东人民开展了一系列广泛而深远的革命斗争。1921年，广东党组织成立后，积极开展工人运动、青年运动，并点燃农民运动星火。

第一、二、三次全国劳动大会连续在广州召开，全国工人运动的领导机关——中华全国总工会在广州诞生。中国社会主义青年团第一次全国代表大会在广州召开，促进了全国团组织的建立、发展。在"农民运动大王"彭湃领导下，农潮突起海陆丰影响全国。

1923 年，中共中央机关一度迁至广州，中国共产党第三次全国代表大会在广州召开，推动形成了第一次国共合作，建立了国民革命联合战线，掀起了大革命的洪流。随后，在共产党人的建议下，黄埔军校在广州创办，周恩来等共产党人为军校的政治工作和政治教育作出了重要贡献，中国共产党也从黄埔军校开始探索从事军事活动。在共产党人的提议下，农民运动讲习所在广州开办，先后由彭湃、阮啸仙、毛泽东等共产党人主持，红色火种迅速播撒全国。1925 年，广州和香港爆发省港大罢工，声援五卅运动，成为大革命高潮时期一个十分引人注目的重要斗争。1926 年，在统一广东革命根据地后，国民革命军在广州誓师北伐，以共产党员为骨干的北伐先锋叶挺独立团所向披靡，铸就了铁军威名。在北伐战争胜利推进的同时，广东共产党组织和党领导的革命队伍迅速扩大和发展，全省工农群众运动也随之进入高潮。

1927 年"四一二"反革命政变以后，广东共产党组织在全国较早打响反抗国民党反动派血腥屠杀的枪声，广州起义与南昌起义、秋收起义一起，成为中国共产党独立领导中国革命、创建人民军队的伟大开端。随后，广东党组织积极探索推进工农武装割据，在海陆丰建立第一个县级苏维埃政权，并率先开展土地革命，开启了中国共产党领导人民进行的最重大的社会变革。与此同时，广东中央苏区逐步创建和发展起来，为中国革命的发展作出了不可磨灭的贡献。1931年，连接上海中共中央机关与中央苏区的中央红色交通线开辟，交通线主干道穿越汕头、大埔，成功转移了一大批党的重要领导，传送了重要文件和物资，成为土地革命战争时期党的红色血脉。1934年，中央红军开始了举世瞩目的长征，广东是中央红军从中央苏区腹地实施战略转移后进入的第一个省份，中央红军在粤北转战21天，打开了继续前进的通道，成功走向最后的胜利。留守红军在赣粤边、闽粤边和琼崖地区进行了艰苦卓绝的游击战争，高举红旗永不倒。

抗战全面爆发后，中共中央和中共中央长江局、南方局十分重视和加强对广东党组织的领导，选派了张文彬等大批干部到广东工作。日军侵入广东以后，广东党组织奋起领导广东人民开展敌后抗日游击战争，成立了东江纵队、琼崖纵队、珠江纵队、广东人民抗日解放军、南路人民抗日解放军和韩江纵队等抗日武装，转战南粤辽阔大地，战斗足迹遍及70多个县市。华南敌后战场成为全国三大敌后抗日战场之一，党领导的广东人民抗日武装被誉为华南抗战的中流砥柱。香港沦陷以后，在中共中央的领导和周恩来等人的精心策划安排下，广东党组织冲破日军控制封锁，成功开展文化名人秘密大营救，将800多名被困香港的文化名人、爱国民主人士及家眷、国际友人等平安护送到大后方，书写了抗战史上的光辉一页。

解放战争时期，在中共中央的领导下，华南地区大力开展武装斗争，开辟出以广东为中心的七大块游击根据地，成立了中国人民解放军琼崖纵队、粤赣湘边纵队、闽粤赣边纵队、桂滇黔边纵队、粤中纵队、粤桂边纵队和粤桂湘边纵队等人民武装，其中仅广东武装部队就达到 8 万多人，相继解放了广东大部分农村，在全省 1/3 地区建立起人民政权，为广东和华南的解放创造了有利条件。在广东党组织的配合下，人民解放军南下大军发起解放广东之役，胜利的旗帜很快插遍祖国南疆。

革命烽火路，红星照南粤。广东见证了中国共产党从新生到大革命、土地革命，再到抗日战争、解放战争等革命斗争全过程。其间，毛泽东、周恩来、刘少奇、朱德、邓小平、叶剑英、彭德怀、刘伯承、贺龙、陈毅、聂荣臻、徐向前、李富春、粟裕、陈赓等老一辈革命家和李大钊、蔡和森、瞿秋白、陈延年、彭湃、叶挺、杨殷、邓发、张太雷、苏兆征、杨匏安、罗登贤、邓中夏、恽代英、萧楚女、阮啸仙、张文彬、左权、刘志丹、赵尚志等一大批革命先烈都在广东战斗过，千千万万广东优秀儿女也在革命斗争中抛头颅、洒热血，留下了光照千秋的革命历史和革命精神。广东这片红色热土，老区苏区遍布全省，大大小小的革命遗址分布各地，留下了宝贵而丰厚的红色文化历史遗产。

习近平总书记强调，中国革命历史是最好的营养剂。重温这部伟大历史能够受到党的初心使命、性质宗旨、理想信念的生动教育，必须铭记光辉历史、传承红色基因。我们有责任把党领导广东人民进行革命斗争的光辉历史和伟大功绩研究深、挖掘透、展示好，全面呈现广东红色文化历史，更好地以史铸魂、教育后人，让全省人民在缅怀英烈、铭记历史中汲取砥砺奋进的强大力量，让人们深刻认识红色政权来之不易，新中国来之不易，中国特色社会主义来之不易，确保红色江山的旗帜永远高高飘扬。

为充分挖掘广东红色文化资源的丰富内涵，我们组织省内党史、党校、社科、高校等专家学者，集智聚力分批次编写《红色广东丛书》。丛书按照点面结合、时空结合、雅俗结合原则，分为总论、人物、事件、地区、教育五个版块。总论版块图书，主要综述中国共产党在广东的革命斗争历史概况，人物版块图书主要讴歌广东红色人物，事件版块图书主要论说党领导广东人民开展革命斗争的历史事件，地区版块图书从地市和历史专题角度梳理广东地域红色文化，教育版块图书着力打造面向青少年及党员的红色主题教材。丛书以相关的文物、文献、档案、史料为依据，对近些年来广东红色文化资源研究成果做了一次全面系统梳理，我们希望这套丛书能为党史学习教育、革命传统教育、爱国主义教育提供重要内容支撑。

一切向前走，都不能忘记走过的路，走得再远、走到再光辉的未来，也不能忘记走过的过去，不能忘记为什么出发。站在"两个一百年"的历史交汇点上，我们要更加坚定自觉地学史明理、学史增信、学史崇德、学史力行，赓续红色血脉，传承红色基因，以一往无前的奋斗姿态、风雨无阻的精神状态，推动广东在全面建设社会主义现代化国家新征程中走在全国前列、创造新的辉煌。

《红色广东丛书》编委会

2021 年 6 月

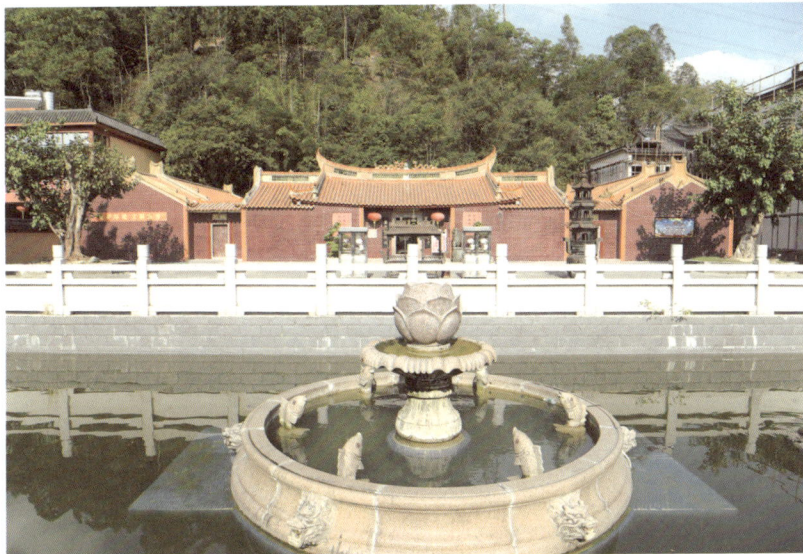

　　1925 年冬，汤坑农民协会在西岩寺成立。1927 年 4 月，汤坑三区农会和农军从太平寺迁入汤西坪城西岩寺驻扎。图为西岩寺现貌

　　1926 年 11 月，丰顺县农民自卫军训练所在汤坑太平寺举办。训练所举办期间同时成立县农民自卫军。图为太平寺现貌

　　1927年9月28日,八一南昌起义军在汤坑与玉湖交界处打响了"汤坑战役"。五华农军赶赴丰顺支援起义军,与国民党军在北斗镇古驿道"蛤蟆落井"战斗。图为"蛤蟆落井"战斗遗址(卢胜文摄)

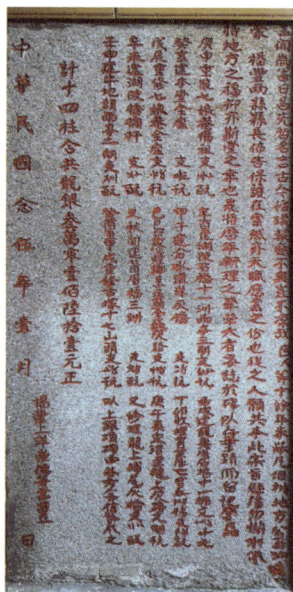

　　保存于丰顺县汤南镇崇德善堂关于收埋"汤坑战役"中贺龙、叶挺部队阵亡官兵的石碑(卢胜文摄)

1927年10月，广东工农革命军东路第十团在丰良镇九龙村柑子窝成立。这里也是"五县暴委""七县联委"成立旧址。图为柑子窝现貌（卢胜文 摄）

中共丰顺临时县委成立旧址——丰顺县丰良镇九龙村"永昌居"（卢胜文 摄）

1928年10月15日，丰顺县工农兵代表大会在大龙华镇叶华宝田庐召开，选举产生了丰顺县革命委员会。图为宝田庐现貌

1929年1月，中共丰顺县委第二次代表大会在留隍黄寨畲角刘屋竹林居召开。图为会议旧址

"八乡山第一仗"战斗遗址

宣传标语

红十一军在八乡九娘坝设立的印刷厂

东江第二次党代会旧址

1929年10月28日，军长朱德和参谋长朱云卿率领红四军在东江特委、丰顺县委的策应下，转移到丰顺的马图休整。图为见龙居——红四军军部旧址（卢胜文 摄）

在东江第一次工农兵代表大会遗址上兴建的东江革命根据地史料陈列馆（卢胜文摄）

1934年至1935年，古大存在桐梓洋坚持武装斗争近一年时间的居住地——北斗镇桐梓洋薛屋（卢胜文摄）

青年抗敌同志会成立旧址——蓝田书院（卢胜文摄）

1939年3月8日，汤坑青年妇女抗敌同志会第二次乡村工作队一、二队全体队员全县巡回宣传结束后，在汤坑民众图书馆前合影

全面抗日战争和解放战争时期，中共南方工作委员会、潮梅特委和潮汕地委的主要秘密联络站之一——益民诊所站（下图右数第二间）的负责人徐院池（上图右）和工作人员黄碧容（上图左）

中共潮梅特委旧址

柯氏宗祠——中共丰顺县工作委员会成立旧址

1945年4月，抗日游击队韩江纵队第五支队在八乡山小溪源清楼成立。图为源清楼现貌

1949年1月1日，中国人民解放军闽粤赣边纵第一支队设司令部在砂田岳坑青沟浣。图为司令部旧址

中国人民解放军闽粤赣边纵队第二支队
第五团政治委员（县委书记）王文波（前排
右）、参谋长杨贵生（前排中）等在锅笃潭
留影

中国人民解放军闽粤赣边纵队
第二支队第五团使用的臂章（正面）

汤坑青年抗敌同志会证章

1949 年 10 月 17 日，汤坑各界庆祝中华人民共和国诞生纪念大会合影

1949年，中国人民解放军闽粤赣边纵队在汤坑金镇小学合影

1949年解放汤坑后，中国人民解放军闽粤赣边纵队第二支队第五团部分干部在汤坑中学门坪前留影。右六是团长饶辉、右四是参谋长杨贵生、左六是政治部主任徐真

（注：图片除已署名外，其余均为丰顺县史志办公室提供）

目 录

第三章　全民族抗日战争时期

第四章　解放战争时期

后　记

前　言

　　丰顺县地处粤东，位居潮梅水陆交通中枢、广东东北部的韩江上游，与闽西山水相连，素有"梅州南大门、潮汕后花园"之美誉。丰顺是著名的革命老区。周恩来、朱德、陈毅、叶挺、贺龙、聂荣臻、罗荣桓、粟裕、古大存、李井泉、李坚真等老一辈无产阶级革命家曾在这里留下战斗的足迹。

　　丰顺人民勤劳勇敢，一向富有革命斗争精神。设县以来，历史上曾有过朱阿姜、古声扬等多位农民领袖揭竿而起，对封建统治阶级进行反抗和斗争。

　　五四运动以来，特别自从有了中国共产党，丰顺人民面前展现了希望的曙光：五四运动和两次东征为丰顺进步思想的传播和中国共产党组织的建立奠定了基础；八一南昌起义部队打响了著名的"汤坑战役"，留下了革命武装火种；红四军挺进东江、进驻马图，推动了东江地区土地革命运动和苏维埃政权建设，加速了粤东北苏区融入中央苏区的步伐；八乡山革命根据地的开辟，给东江革命斗争带来了复兴，在八乡山成立了东江苏维埃政府和广东省境内唯一一支列入中央红军正规部队序列的军级建制部队——中国工农红军第十一军，标志着东江革命根据地的正式形成，八乡山成为东江地区革命的中心和最大的赤色区域；全面抗日战争时期，日军两次侵犯汤坑，意图向内陆腹地推进，都被英勇的丰顺县军民阻击在通向兴梅和赣南、闽西的猴子崇山下；解放战争时期，丰顺建立和壮大人民武装，建立人民民主政权。

1930 年夏，丰顺县是粤东北地区苏区县。1931 年冬，中央革命根据地第三次反"围剿"取得胜利后，位于韩江上游、属粤东北梅埔丰根据地重要组成部分的丰顺苏区，先后归属中央苏区之下的闽粤赣省、福建省苏区管辖至 1934 年中央红军长征。

丰顺苏区人民为革命事业和中央苏区的创建、发展作出了重大的贡献和牺牲。据统计，土地革命战争时期，丰顺苏区人民一共牺牲 1342 人。中华人民共和国成立初，丰顺县 7 个区都是革命老区。

提质扩容绘蓝图，苏区振兴谋新篇。近年来，丰顺人民在中国共产党的领导下，铭记光辉历史，传承红色基因，用心用情用功推动老区苏区振兴发展，城乡面貌焕然一新，人民生活蒸蒸日上。丰顺县是中国温泉之城、中国长寿之乡、中国金融生态县、原中央苏区范围、国家卫生县城、国家可持续发展实验区、广东电声之都。今后，丰顺将继续继承和发扬革命精神，不忘初心、牢记使命，积极抢抓机遇，奋力开创丰顺老区苏区发展新局面。

第一章
党的创建和大革命时期

第一节　建党前的社会概况和革命斗争活动

一、党组织建立前丰顺的社会概况

（一）丰顺社会政治经济状况

丰顺设治于清乾隆三年（1738 年），地处粤东，位居潮梅水陆交通中枢、广东东北部的韩江上游，与闽西山水相连，东毗饶平、潮安，南邻揭西，西连五华、兴宁，北接梅县、大埔。

丰顺全县总面积 2710 平方千米，东西纵距 90 千米，南北宽85 千米，著名的莲花山脉从东北向西南延伸，境内山地、丘陵占八成。四周多高山，有海拔千米以上的山峰 57 座，其中以北部的铜鼓嶂（海拔 1559.5 米，为粤东的最高山峰）、北山嶂，西部的九龙嶂，中西部的韩山崠、桐梓洋，西南部的鸿图嶂、八乡山，东部的凤凰山和中南部的释迦崠等最为著名。

丰顺，素有"八山一水一分田"之称。韩江自北而南纳丰溪水从东部流经县境；南部有汤溪水注入榕江北河。有耕地面积35.5 万亩。丰顺不仅山多田少，而且百分之七八十的耕地又为地主所占有。历史上，占全县人口 90% 以上的农民，世世代代在这块土地上辛勤劳作，但在封建制度下长期受到压迫剥削。一年到头，农民"割起禾头无米煮，年头到尾一身光"！丰顺历史上曾有过多次农民揭竿而起，进行反抗和斗争，如：乾隆三十五年（1770年）九月，释迦崇下农民朱阿姜起义；咸丰四年（1854年），丰顺龙溪的管以筹组织民众反抗清政府，但这些农民起义由于没有先进的革命政党的领导，都被封建统治者残酷镇压下去了。

第一次鸦片战争后，帝国主义势力侵入丰顺农村。它们与封建势力相互勾结，使农民逐渐丧失土地，生活更加痛苦。丰顺人民对帝国主义的经济文化侵略行径都曾起来斗争。民国以后，天灾人祸频仍，军阀战争迭起，苛捐杂税增加，豪绅地主的压迫剥削加重，社会阶级矛盾异常尖锐。

（二）辛亥革命与丰顺光复

1911年，爆发了由中国民主革命先行者孙中山领导的辛亥革命。"三二九"广州起义、武昌起义后，广东各地迅速掀起响应辛亥革命的高潮。丰顺一部分有志之士和革命团体也积极响应和投入这场新的革命运动。在广州起义和武昌起义影响下，在革命党人直接策动下，丰顺当地的革命党人、三点会、绅士和群众积极响应粤东革命军第四军号召。一方面由三点会准备，联合同盟会进行起义；一方面由在劝业所和劝学所的绅士倡议，劝令知县反正，促使丰顺光复。

革命军光复潮汕和邑人陈励吾任第四军军务处长，对丰顺影响很大。1911年农历十月一日丰顺县安民局宣告成立，丰顺和平光复。

辛亥革命中，丰顺取得的胜利是巨大的。但是辛亥革命的领导者没有提出一个明确而完整的反帝反封建的政治纲领，没有能比较广泛地发动占中国人口最大多数的下层劳动群众，没有形成一个能够胜利地领导这场革命进行到底的坚强有力的革命政党。因此，丰顺和全国各地一样，革命果实落到帝国主义、封建主义和资产阶级代理人邑绅手里。丰顺仍然是半殖民地半封建社会，人民群众依然处在极端贫穷落后的状态。

（三）进步思想的传播与五四运动对丰顺的影响

进步、革命的思想，在丰顺是以外出求学的学生为媒介，以学校为阵地，以进步师生为中坚骨干进行传播的。1919年五四运动以前，丰顺已有不少青年学生外出求学，其中比较知名的有徐名鸿（汤坑埔河人）、李沧萍（潭江小胜人）等人。徐名鸿就读于北平高等师范专科学校中文系，他与进步人士组织读书会，开展平民教育，组织"工读社"，研究马列主义，探求中国革命问题。李沧萍就读于北京大学，与丰顺县立中学（丰顺一中）校友会干事李绍青常有联系，推荐订阅和寄送《新青年》等新文化运动进步书刊，使丰顺青年师生得以开始接受革命理论和进步思想的影响。

1919年5月4日，北京爆发五四爱国运动的消息传到丰顺，广大爱国学生热烈响应支持。县立中学派出学生丁愿（丁培慈，汤西双鹿人）等4名代表，到汕头市参加5月14日召开的岭东学生联合总会成立大会。代表们回到丰顺后，同月旋即联络县属各校学生，成立丰顺学生联合会，丁愿当选为学联会主席。学联会组织各校学生宣传五四运动，成立宣传查货队，呼吁抵制日货，抗议日本帝国主义，反对卖国的"二十一条"，组织巡回演讲，以此唤醒山区民众奋起拯救中国的意识。

1921年夏，县学联会举行"廿一条"国耻纪念会，还把开展爱国运动和服务社会结合起来：一是破除封建迷信；二是实行义务教育；三是创办《通俗周报》；四是组织话剧团；五是组织劝学团；六是提倡体育运动。

1922年冬，县中创办了校刊《丰声杂志》，丁愿、吴克谐、王韶生等进步学生发表的《中华民族的新觉醒》《五四运动以后的丰顺学生》等文章，使研究和宣传社会主义逐渐成为进步思想的主流，震撼了风气闭塞的丰顺山乡。

在几年来开展反帝国主义和反封建主义的爱国运动中，县学联会的丁愿、冯连山、黎凤翔、黄日三、杨振东、冯郁文等一批学生骨干，走出学校到工农群众中去，为服务社会作出贡献。此后，这批先进分子成为丰顺早期的马克思主义的传播者，为在丰顺建立中国共产党组织打好了思想和组织基础。

二、国民革命军两次东征进抵丰顺及其影响

1921年7月，中国共产党成立。1923年6月，中共三大在广州召开，决定共产党员以个人名义加入国民党，以建立各民主阶级的统一战线。在中国共产党的参与下，1924年1月，在广州召开了中国国民党第一次全国代表大会。大会接受了中国共产党提出的反帝反封建的主张，发表了宣言，正式决定了"联俄、联共、扶助农工"的三大政策，在广东建立革命政府，并创建黄埔军校。国共两党第一次合作的实现，推动了国民革命迅速发展。

为了打垮陈炯明的反动势力，统一广东，继而北伐统一中国。在中国共产党的积极推动下，广东革命政府组织了革命军，分别于1925年2月和10月，举行了两次东征。

1925年2月，革命军举行第一次东征，以黄埔军校第一期毕业生中的共产党员、青年团员为骨干，组成黄埔军校教导第一团、第二团。黄埔军校教导团是这次东征的主力。当粤军总司令许崇智率领的粤军和黄埔军校教导团，在棉湖大捷后，尾随陈炯明败兵，马不停蹄地乘胜追击，一直从潮汕赶往兴梅。两军经过丰顺县境内时，东征军纪律严明，秋毫无犯，给丰顺人民留下了深刻的印象。当时，许崇智的名声比蒋介石大，因此丰顺民间相传，称是役为"陈许军之战"。

1925年10月30日，蒋介石任总指挥，周恩来任总政治部主任，统率第一、二、三纵队，分三路进军。东征军第二纵队第一支队在司令张和率领下，于31日猛追陈炯明军林虎、刘志陆部至

汤坑。当时，驻在蓝田书院前育婴堂的东征军在驻地前门坪召开了群众大会，宣传孙中山"联俄、联共、扶助农工"的三大政策，受到广大民众的热烈欢迎；东征军某团抵丰良县城时，亦随即召开了民众大会，开展政治宣传，县中学生丁愿（县中毕业后考入广东省立高等师范学校，1925 年夏任共青团广州地委宣传部主任，第二次东征时，团广东区委调丁愿前往汕头，担任国民党报编辑，乃随军）代表师生在欢迎大会上发表讲话。11 月 2 日，陈军被赶到留隍。3 日，东征军三路分别追至揭阳、梅县、留隍，在留隍环市（科兰公祠）设立军事指挥部，陈炯明军主力已尽歼灭，残部向闽边逃窜。当时上海《申报》曾以《蒋介石在留隍设总指挥部》为标题做了报道。

广州国民政府东征的胜利，对革命形势的发展产生了巨大的影响，也推动丰顺的革命运动迅速前进：一是推动了国民党左派在丰顺掌权。1926 年 3 月 12 日，在纪念孙中山逝世一周年时，丰顺各界群众分别在县城和汤坑等地举行声势浩大的游行示威，广泛宣传孙中山的"三大政策"，高呼"打倒帝国主义"等口号，向反动势力进行坚决的斗争；二是促进了丰顺党、团组织的建立。东征胜利后，1925 年 12 月中共广东区委决定，成立中共潮梅特别委员会，在潮梅地区开展工作。在中共潮梅特委的领导下，大大加速了丰顺党、团组织建立的步伐。因此，两次东征真如两度春风带雨来。它既开创了惠、潮、梅革命的新局面，又为丰顺进步思想的传播、丰顺党组织的建立和丰顺革命运动的开展打下了良好的基础。

第二节　丰顺县党、团组织的建立
与群众运动的开展

一、丰顺县党、团组织的建立和发展

第二次东征胜利后，在周恩来的支持下，汕头市成立了中共潮梅特委，丁愿任特委宣传部部长。丁愿在主持特委宣传部工作期间，曾多次来到家乡丰顺指导开展党、团工作，并介绍蔡宁、丁文珂等人参加党、团组织，建立了共青团丰顺县支部。与此同时，在国民党广东省党部组织部任职的共产党员陈永年，也引荐一批丰顺籍的党、团员回县工作。不久，体现国共合作的国民党丰顺县党部即告组成，首届7名常委和执委当中，共青团员、共产党员蔡宁、王少华2人当选为执委兼常委，陈晋阶、吴毓芬、黎凤翔3人当选为执委。

1926年8月，在省港罢工委员会工作的共产党员冯连山，经中共广东区委组织部批准，回丰顺县立中学任校务委员，并受中共汕头地委指派，在县城良乡市普善堂成立中共丰顺县支部，冯连山为书记，当时支部有党员6人。中共丰顺地方党组织的建立，是丰顺革命史上的一件大事。从此，丰顺人民便在中共丰顺地方党组织的直接领导下进行着伟大的反帝反封建的革命斗争。9 月后，经汕头地委批准，丰顺县支部升级成立中共丰顺部委员会，下辖附城区、汤坑区、黄金区等支部，部委书记冯连山。1927 年 1 月，中共广东区委组织部派遣在区委组织部任干事的王兆坚回丰顺工作，接替冯连山担任丰顺部委书记，冯连山改任委员。

二、党组织领导下的农民运动

（一）农民运动的兴起

丰顺的农民运动，是在彭湃组织和领导的海丰农民运动影响下开展起来的。1922 年 6 月，彭湃在海丰赤山沟成立了全国第一个农会组织。11 月，彭湃在汕头市成立"惠潮梅农会筹备处"，农民运动进一步扩展到潮安、五华、丰顺等县，丰顺受影响较大。丰顺一批外出潮安、汕头求学的知识分子和到五华探亲的农民，大造农运舆论，为农民运动的兴起打好思想基础。

1925 年第二次东征胜利后，11 月 21 日国民党潮梅特别委员会成立，彭湃是委员之一，办事处设于汕头市。此时，丁愿以中共潮梅特别委员会委员身份，从广州到汕头工作。曾经参加过五四运动的丰顺籍学生蔡宁、丁文珂、冯郁文、高腾汉等人，在丁愿启发引导下，回乡组织农会，开展农民运动。丁愿后来还与杨石魂等来丰顺指导各乡成立农会。1925年冬，丁文珂在石印村成立乡一级农民协会；高腾汉在石桥头成立乡一级农民协会；蔡宁在山角、坡尾楼成立乡一级农民协会；黄阿豹在庆阳楼成立乡一级农民协会。接着太平楼、广湖、上安全、坪城、河西、东里等地又陆续成立了7个乡一级的农民协会。此时，全县共有农会会员480人。

1926年5月1日，广东省农民协会召开第二次全省农民代表大会，丰顺由共青团支部书记、乡农民协会会长蔡宁出席会议。蔡宁参加省第二次农代会回来后，更积极开展农运工作，发展农会会员。省农民协会常委彭湃会后也来到丰顺视察，帮助丰顺成立农民协会。他到黄金视察时，深入焦头窝农户李坚真家，深入浅出地宣传组织农会的重要性，用"五个手指捏成拳头，拳头打人才有力量"的比喻生动形象地阐明"要把农民组织起来，这样对土豪劣绅，斗争才有力量"的道理。李坚真深受启发和教育，不仅报名参加农会，还根据彭湃宣传农民运动的精神编写山歌。李坚真在村里开会时，常常用唱山歌来动员妇女参加农民协会，参加减租减息、反对地主豪绅的斗争。在党、团组织的宣传发动下，全县农会迅速发展。

1926年暑假期间，由蔡宁主持在县城（今丰良）举办农民养成所，传达了省农代会精神，培训一批农会骨干回各区乡发动成立农民协会。是年秋，在良乡普善堂成立县农民协会，蔡宁为农会会长，陈思永为秘书。县农协下辖一区至四区的农民协会。丰顺农民运动普及全县，四乡遍设农会。

（二）农军训练所的举办和农民自卫军的建立

1926 年 2 月，中共中央召开特别会议，指出各地应用国民党名义迅速发展农民运动，以支援和配合北伐战争。5 月，广东省第二次农民代表大会通过了广东农民协会章程和农民自卫军组织法，提出了农民自卫军大纲。11 月，中共广东区委指示，要发展工农武装，提防资产阶级右派发动突然事变，并从黄埔军校调了 60 名学生来搞农民武装。1926 年 11 月，在三区（汤坑）的太平寺举办丰顺农民自卫军训练所，在全县选出农会骨干和农运积极分子共 50 人参加训练，历时 3 个月。农军训练所举办过程中同时成立县农民自卫军，农军负责人由农会会长兼任。训练结束后，学员分别回到各区乡，进一步发展和加强农会，推动了各区乡农民自卫军组织的建立。

（三）城乡反帝反封建斗争的进一步开展

1925 年 6 月，上海发生"五卅"惨案，激起全国各地反帝运动的蓬勃兴起。丰顺县中学生会也组织同学举行示威游行。1926 年 11 月 12 日孙中山诞辰纪念日，丰顺部委组织农民自卫军、农会会员和革命群众在汤坑南市场集会，并举行反对帝国主义的游行，途中遭帝国主义势力开枪射击，农民被打死一人。这一事件激起全县城乡人民的愤怒。第二天，县城、汤坑、黄金市等地的革命群众同时行动，予以反击。这年冬，县农民自卫军开赴八乡山，捕获潜伏在八乡山暗中串连、招兵买马的陈炯明余孽土匪吴奏乐，经呈报汕头绥靖公署转呈省政府，受到传令嘉奖。

第三节　反对国民党右派的斗争

一、国民党右派镇压革命与丰顺的农民暴动

（一）国民党的"清党"活动

随着国民党的改组，国民革命形势迅速发展，国民党内部即分化为左、中、右三派。1926 年春，国民党丰顺县党部成立，选出国民党丰顺县党部第一届执委兼常委，其中共产党员、共青团员占执委兼常委的三分之二，占执委的四分之三，占监委的三分之一，再加上国民党左派，力量就更大了，农民运动随之兴起。右派分子便处心积虑地挑拨煽动，进行阻碍革命向前发展的分裂活动。

1927 年春，国民党广东省党部派吴式均、吴聘我、邹一鸣等人回丰顺组织"清党委员会"，准备改选县党部，以排斥打击共产党员和国民党左派势力。县城树立起了革命与反革命两大壁垒。3月 12 日，校务委员冯连山在纪念孙中山逝世两周年讲话时，大力宣传孙中山的"联俄、联共、扶助农工"三大政策，宣传共产主义和农民运动，遭到在校的孙文主义学会成员、右派分子的反对，

加上丰顺县"清党委员会"和县署警察的干涉，左派学生遂被迫搬至良乡普善堂活动。他们分散到各处进行革命宣传，依靠农民群众，在全县城乡高高地树起农会的旗帜，与国民党右派势力开展了针锋相对的斗争。

1927年4月12日，蒋介石在上海发动反革命政变。广东国民党当局在4月15日也发动反革命政变。是日晚，在丰顺县由吴式均、吴聘我、邹一鸣等组织的"丰顺县清党委员会"，派出军警围搜和查封在良乡的中共丰顺部委、县农会机关和县城的中学、平民书店等革命活动的重要据点。由于部委早有警觉，党和农军负责人黎凤翔、张泰元等已事先退避、隐蔽到大椹等地，使反动派的捕人行动未能得逞。与此同时，汤坑区长黄夺标勾结三区土豪劣绅在育婴堂组织的新国民社，纠集300多人进攻三区农会和农军的驻地太平寺，企图围捕农会干部，三区农会和农军被迫从太平寺迁入汤西坪城西岩寺驻扎。

1927年4月20日，县公署派出警察和县保安队，再次包围县农会，将留守的县农会执委兼秘书陈思永抓到县城拘押。县农民自卫军和农会会员四五百人，在黎凤翔、张泰元等率领下，于4月21日从良乡市出发至县城示威，包围了县公署，要求放出陈思永，遭到无理拒绝，双方形成武装对峙。后因国民党反动派勾结封建势力，农民武装在敌强我弱的形势下被迫撤回良乡。

（二）丰顺的农民武装暴动

丰顺农民武装举行示威，包围县公署之后，国民党反动派采取高压政策，把陈思永押往汕头潮梅警备司令部，关押在石炮台监狱，不久即被秘密杀害。

陈思永被秘密杀害的消息传来，激起全县人民极大的愤慨。1927年5月13日，县农民自卫军和农会会员四五千人响应中共丰顺部委的号召，为反对国民党反动派，愤然起来围攻县城。农民武装在张泰元、黎凤翔、高腾汉、谢琪玉等的指挥下，以良乡市为大本营，高举斧镰旗和犁头旗，手持土枪、耙头、尖串等武器，分五路向县城进攻。

战斗从上午开始，激烈地打了半日，县城敌人驻军，县保安队、吴姓汤田警卫队等隔河凭险拼死抵御；县长罗虔英调来汤坑区长黄夺标带领的数百名"工军"（实则保安队，为与农军作对故意标榜为工军）和潮梅警备部队，从农军背后包抄；还有国民党孔可权部也从外县驰援守城敌人。眼看攻城难克，反受强敌前后夹攻的威胁，各路农民武装只得撤退。

与此同时，汤坑三区农民协会负责人刘太白、高腾汉、马春荣等，在汤西坪城西岩寺召集河西一带农会会员开会，组织起农民武装两百多人，分两路向汤坑市内驻育婴堂的反动组织新国民社和太平寺发起进攻，敌放弃太平寺据点，农民自卫军遂重占太平寺。

二、丰顺暴动失败后的形势和斗争

围攻县城的武装暴动虽然失败了，但它显示了丰顺农民敢于起来向反动势力进行武装斗争的勇气和力量，引起了反动派的惊慌。于是，黄夺标的"工军"被留在县城，配合县保安队、吴姓汤田警卫队对良乡市和黎凤翔家乡大椹等处各姓村庄进行"搜剿"、劫掠和焚烧，丰顺城乡到处是白色恐怖的气氛。这时，中共潮梅特委派人前来通知丰顺部委，暂时转入地下，布置党员和农军分散活动，坚持地下斗争。

此时各地农民武装在农村的斗争，以潘田乡最为激烈。四区（黄金）属下的潘田乡，于1926年秋先后在塘角、肚富塘、荷树坪、樟坑、大洋等5个自然村（称潘东五屋）成立了农会。秋收后又组织起农民自卫军一个小队，同时建立了一个党小组，实行了"二五减租"，有的还进行减息，开展经济斗争。到了1927春，潘田的农运一时间风起云涌。1927年5月，县公署派8名保安队队员到潘田乡催粮征税，乡公所乘机要把大洋村农会会员陈林汉抓走，大洋的农军和农会会员即行抵抗，把县兵和乡丁包围扣押起来，还缴了他们的枪。第二天，县公署黄姓保安队队长带县兵四五十人来攻击农军，在桥头坑被潘田农军袭击溃败，黄姓队长受伤被俘。接连两次胜利，大长了潘田农军的志气，他们便在砂塘陈家祠前的桅杆上，高高挂起犁头红旗。6月初，县保安队伙同吴姓汤田警卫队，向良乡农民自卫军大本营进犯。张泰元、黎凤翔等领导农军在坝园里进行阻击。潘田农军派了一个中队 30 人，开赴良乡支援，经过两天两夜的战斗，最终打退了敌人。此后，黎凤翔等便开始向九龙嶂山区转移。共产党领导的农民武装，分散到广大山区农村，继续高举斗争旗帜，使反动派惶惶不安。丰顺县长罗虔英心生怯意，只上任一个月零一天便挂冠而去。

6 月中旬，国民党反动派委派李玉藻走马上任丰顺县长。这时，黎凤翔、张泰元等已转入山区坚持公开的斗争。在良乡市内只有国民党县党部经过改选的第二届执委兼常委张杏春、良乡自治会会长张百荣、良乡义学校长张弼伦和杨立云等进行秘密活动。他们与广大山区农村的斗争相配合并拟发动兵变，不料因为泄密，致计划失败，准备起义的兵士被押往汕头惩办。这次兵变计划虽未能实现，却把刚到任十多天的县长李玉藻吓得胆战心惊，不久，他也夹起尾巴离开了丰顺。

第二章
土地革命战争时期

第一节 南昌起义军入粤与丰顺武装斗争的发展

一、南昌起义军南下粤东与汤坑战役

1927年8月1日，在中共前敌委员会书记周恩来的领导下，贺龙、叶挺、朱德、刘伯承等领导的部队，在南昌举行武装起义，打响了武装反抗国民党反动派的第一枪。南昌起义胜利之后，按中央预定计划，南昌起义军撤离南昌南下后，入粤经大埔而下潮汕，攻陷丰顺留隍，并于9月23日至24日分别占领潮州、汕头。在这之前，前委决定由朱德率第九军军官教育团和第十一军第二十五师留守大埔三河坝。起义军占领潮州、汕头后，前委决定再次分兵，周逸群率军留守潮汕，贺龙、叶挺、刘伯承率部，和以彭湃为总指挥的东江工农自卫军总指挥部28人随行，继续西进向揭阳、丰顺进发，拟攻占汤坑，进而出兴宁、五华，攻取惠州等。

汤坑地处潮汕平原和莲花山脉之间，是潮汕地区前往兴梅地区，乃至河源、惠州以及赣南、闽西的必经之地，是交通的咽喉所在，是重要的区域军事重镇。中华人民共和国成立前，汤坑包括丰顺县今"三汤片"六镇。1927年9月28日至30日，南昌起义军贺、叶部队欲攻占汤坑，在丰顺县汤坑和揭东县汾水村前后作战的重大战役，史称"汾水战役"或"汤坑战役"。整个战场范围包括现在的丰顺县汤西镇河西村、北斗镇古驿道猴子崠下的"蛤蟆落井"，汤坑镇铜盘村、汤南镇与揭东县汾水交界的乡村、山岭，纵深达40千米。

26日，贺龙、叶挺按西进计划，率部到达揭阳榕城。此前，中共潮梅特委负责人郭瘦真派遣梁公浦（梁若尘，丰顺砂田人）赶赴丰顺汤西双鹿村与隐蔽于此的潮梅特委宣传部部长丁愿等接头，商量组织汤坑、汤西、八乡农军支援起义军事宜。

26日前，中共丰顺县地方组织按照中共中央关于"决定粤省委即刻以全力在东江接应"，"迅速地在东江组织农民暴动，以策应南昌起义"的指示，一方面在县城策划外攻内应，举行暴动；另一方面则派出地方干部和农民自卫军在留隍等地配合起义军入境，牵制国民党保安队和警卫队。同时，于25日指派梁公浦前往汕头向南昌起义军报送情报，说明汤坑驻有国民党王俊部队两个团，并派遣丰顺农会负责人蔡宁、高腾汉等组织丰顺农军接应起义军。

驻在榕城学宫的贺、叶总指挥部，接到汤坑的情报后，决定按计划西进，发出打到汤坑去的命令。28日凌晨，起义军分两路，一路由榕城西门过东仓桥，一路由北门渡浮桥而上，向汤坑方向西进。为策应起义军，丰顺农民自卫军7000多人从八乡、河西开出汤坑接援，古大存带领的五华农军2000多人也赶到丰顺县迎接起义部队，分别在汤西河西宝霖寺和在北斗"蛤蟆落井"受到国民党薛岳、陈济棠部队阻击，丰顺、五华两县农军便在外围策应起义军。揭阳2000多农军也大力支持起义军。当地群众帮助运粮食、弹药，肩挑船载，水陆并进。驻在新亨之敌王俊一个营闻风丧胆，往汤坑方向逃窜，狼狈退至与丰顺交界的揭阳汾水村，才喘了一口气驻扎下来。起义部队马不停蹄跟踪追击，直追到离汾水村只有1.5千米左右的鸿安亭。

28日，敌薛岳新编第二师、陈济棠的第十一师已先后来到汤坑（加上王俊、何辑伍4个团，敌人约有1.5万人），在汤坑镇铜盘一带，安营扎寨，到处拉丁，在铜盘等山岭修筑战壕，并延伸至汾水，准备和起义军决战。

竹竿岭是扼守着揭丰两县水陆交通要道的咽喉，是双方必争的重要阵地。深夜三更刚过，王俊部在援军薛岳部配合下，企图占领鸿安亭和汾水相连的独山竹竿岭，分成几个队汹汹而来。起义军有所戒备，即吹起冲锋号，迅速向竹竿岭猛攻。双方在此激战，反复争夺。29日凌晨，起义军终于占领了竹竿岭阵地。

29日的战场，基本上形成品字形，从竹竿岭直下至揭阳一带，是起义军的阵地。西片的汾水村和东北片的瞭望岽驻扎着敌人。汾水村连着汤坑的汤南片平原，瞭望岽是品字形制高点，连着丰揭交界一片大山脉，汾水和瞭望岽以上汤坑一带，是敌人的阵地。起义军要西进汤坑，势必要寸土必争，在汾水周围和敌军展开激烈的决战。29日拂晓，起义部队在竹竿岭炮火掩护下步步逼进，双方在竹竿岭与老鼠山之间进行了激战。起义军居高临下，英勇奋战，占领了老鼠山，并于中午时分乘胜前进，兵分两路，一路冲向前边的汾水村，同敌人进行巷战，一路紧追老鼠山败退之敌军，冒着敌人猛烈炮火，向瞭望崀进攻。在汾水村经过一场肉搏战，敌人被赶出村西，向九斗、铜盘郭屋楼等地退却。起义军一路追击一度攻入九斗和铜盘郭屋楼附近。经过几次冲锋，敌人边打边向北面另一高地四岭排退却，起义部队又占领了瞭望崀。但此时，敌人后援陈济棠部队已全部赶到汤坑和汾水，并加强了四岭排的防御。同时，敌人由汤南土豪劣绅的反动武装作向导在榕江上游的汾水河道布防，又从西南片迂回包围汾水村，试图以优势兵力、有利的地形，对起义部队进行阻击。

29 日从中午开始至晚上 9 时，起义军以瞭望崀为前沿阵地进攻，敌人也以四岭排为前沿阵地反击，双方隔着一个不大的山头激战，形成拉锯战，胜负不分。

夜间，起义军才摸清敌人兵力有 1.5 万人，而且武器精良。面对强攻已难以奏效的局势，便改变战术，组织两个团对敌夜袭。但因敌防地极险，并据河道抵抗，未能取胜。

汤坑战役，经过两昼夜奋战，打死打伤敌军 4000 人；起义部队死伤 2000 多人，其中牺牲 1250 人。由于敌众我寡，粮弹不足，加上地形对起义军极为不利等原因，起义军总指挥部于 30 日凌晨，下令向揭阳城主动撤退。敌人慑于起义军的勇威，不敢追击，也撤了。

汤坑战役之后，贺、叶的部队，于 30 日拂晓退到揭阳城。当天上午 10 时，部队进至揭阳玉窖时，闻知潮州已被敌攻陷，即改道经关埠、贵屿，向海陆丰方向撤退。10 月 3 日南昌起义军部队到达普宁流沙镇。10 月 7 日，起义军第二十四师余部 1200 多人抵达碣石溪；9 日进入海丰县朝面山及中洞后方基地休整，改编为工农革命军第一大队。10 月中旬和海陆紫农军会合，成立工农革命军第二师（后称红二师），下辖 2 个团。红二师于 1928 年 1 月 5 日与红四师（广州起义军余部）在海丰红场会师，成为东江地区的革命武装力量的重要组成部分，预示着东江地区新的革命风暴的到来。

由于汤坑战役失利，丰顺农民武装退回原乡，县部委书记王兆坚也销声隐迹潜伏在家，致使丰顺的党务停顿。但它沉重打击了国民党反动派，有力推动了丰顺县等东江地区的工农武装斗争的深入开展，使党充分认识到开展武装斗争与土地革命结合的重要性，为中国共产党独立领导武装革命斗争和创建人民军队奠定了基础。起义军的声威使反动派十分害怕，而且有部分人员与当地的农民武装相结合（如李井泉等后来到了铁坑），给丰顺人民的革命斗争带来鼓舞和力量。当广东工农革命军东路第十团成立之后，周边传出汤坑战役失散的南昌起义军到了九龙嶂的消息，使县城的反动派惶恐不安，工农武装也趁势扩大和加强了自己的力量，陆续举行了著名的潘田暴动、畲坑暴动等，成立了丰顺县第一个乡苏维埃政府，对周边地区影响巨大，推动了土地革命的蓬勃开展，逐步形成了东江的一块重要的革命根据地——梅埔丰革命根据地。后来梅埔丰革命根据地、八乡山革命根据地和铜鼓嶂革命根据地连成一片，为东江特委机关迁来丰顺西山和八乡山打下了坚实的基础。

汤坑战役结束后，中共丰顺县地方组织经由丰顺汤南镇隆烟村上洋揭丰崇德善堂红十字会收埋贺龙叶挺部队阵亡官兵1250人。上洋崇德善堂内于1936年1月勒碑记载："丁卯收埋贺叶阵亡官兵一仟两佰伍拾人，用去银元柒佰伍拾元。"

二、广东工农革命军东路第十团的建立

丰顺农民武装围攻县城暴动失败后，国民党反动派对良乡市及黎凤翔的家乡大椹等处的村庄进行"搜剿"、焚掠。黎凤翔、张泰元、邓子龙、彭在璇等领导人因受到通缉，便率领农民武装60多人退入山区，在与梅县交界处九龙嶂下的柑子窝村建立了据点，继续坚持武装斗争。1927年10月，梅县郑兴（郑天保）、蔡若愚（胡一声）率领梅县部分党员和梅南工农武装30多人来到九龙嶂柑子窝，与张泰元、黎凤翔等率领的农民武装会合，根据中共广东省委关于成立工农革命军的指示，经东江特委批准，在丰顺九龙村柑子窝组成广东工农革命军东路第十团（以下简称十团）。郑兴为团长，张泰元为副团长，蔡若愚为党代表（后改称政治部主任）。同时，又成立团党部和十团军事委员会等机构。军事委员会仍由郑兴、张泰元分别兼任正、副主席。11月初，十团在九龙嶂

顶的井头窝凹大坪上举行成立典礼，全团同志荷枪实弹，庄严列队，歃血为盟，进行宣誓。初建时全团只有 100 多人，后来发展到 300 多人，团部设在九尾岽，团部设置有直辖警卫小队和一个直辖大队。十团成立后，即贴出布告，庄严宣称"本军在中国共产党的领导下，其唯一目的是实行土地革命"，使广大群众明确十团的性质、宗旨及其任务，以便深入发动群众起来参加斗争，积极投入土地革命运动。附近乡村许多农民自卫军和农民纷纷带着武器、粮食等前来要求加入。同时，丰顺一区的建桥张姓，布心郑、胡两姓，水头洋杨、邓两姓，大榄黎姓，下汤彭姓，双螺口张姓，璜溪邹姓，以及三区汤坑的小姓农民，都自发组织农民武装共7000 多人，接受十团和军事委员会的领导。十团在丰梅山区高举武装斗争和土地革命的旗帜，并以九龙嶂和铜鼓嶂山区为中心逐步创建形成了东江地区一块重要的革命根据地——梅埔丰苏区。

三、潘田暴动与第一个乡苏维埃政权的建立

1927 年冬，中共东江特委发出"以年关暴动去引起东江的大暴动，完成东江的割据"的指示。工农革命军第十团积极进行着暴动的准备工作，通过良乡自治会筹备了弹药和款项。此时，潘田乡农会得悉，该乡乡公所请求县保安队调来 30 名武装，准备向潘田潘东五屋农军进犯。为了保卫潘东基地，打击潘田反动势力，

十团应潘田乡农会的要求，决定攻打县城至留隍交通要道上的潘田乡团防，举行潘田暴动。

1928年2月3日夜，十团派出一个队100多人，由团长郑兴指挥，军委副主席张泰元和委员黎凤翔、邹玉成等率领来到潘东。2月4日（农历正月十三）拂晓，十团在农民自卫军和农会会员1000多人的配合下，以优势的兵力向敌发起猛烈的突然进攻。经过一个多小时的激战后，除了县保安队一部趁着混乱逃跑到汤坑外，歼灭反动武装76人，焚毁了潘田乡公所。

同日，十团军事委员会贴出由主席郑兴、党代表蔡若愚签署的布告（第五十九号），宣布："本军在中国共产党领导下，其唯一目的即在实行土地革命，实现不交租、不纳税、不完债之主张，并没收地主土地分给贫苦之工农群众，顷查潘田一隅，民众既多，土地复广，果能耕者有其田，则安有今日贫富不均苦乐悬殊之现象。此种黑暗不平之局面，实潘田之地主豪绅所造成。本军目的所在，万不容此辈长此留存，致阻碍共产主义之实现。因此，本军除上面饬令潘田农民暴动决杀地主豪绅夺取土地外，并克日派遣大队援助该地工农群众围缴一切反动之武装，务将阻碍共产主义实现之地主豪绅铲除净尽，使共产主义能早日成功。则本军之责任已尽，而贫苦民众亦可得到无穷幸福也。"

在群众热烈欢庆潘田暴动取得胜利的时候，丰顺县第一个乡苏维埃政权——潘田乡苏维埃政府成立了。丰顺县进入创建工农当家做主的红色革命政权的探索实践新时期。苏维埃政府委员由黎凤翔、陈仕珍等6人担任，地址设在陈家祠堂。暴动胜利后不久，在铁坑建立中共第四区委员会，由陈英乔任书记。同时，成立第四区农民协会，陈士珍任会长。还成立青年团工委和农民自卫军。黄礤地区建立中共第二区（留隍）委员会，陈英乔任书记，四区委改由刘秋澄任书记。不久，黄炎、罗欣然、邓凤翱、李井泉、李在新、张师武、阿景姑、罗华明等十多人先后从大埔来到铁坑，充实了干部力量。黄礤革命根据地建立了起来。李井泉等在铁坑赖屋及周边开展革命斗争，在古大存、黎凤翔的领导下，参与丰顺的革命武装斗争和八乡山、九龙嶂、铜鼓嶂革命根据地的创建。

四、再次攻打丰顺县城

（一）再次攻打丰顺县城

十团成立后，即以良乡市为据点，通过良乡自治会筹集粮饷、军械，积蓄力量，相机进攻县城。1928年春节期间，良乡自治会密约十团与良乡武装联合会攻县城。十团团长郑兴、党代表蔡若愚于1月24日（正月初二）密函复良乡自治会，认为良乡仅有600名武装，十团只派300人，诚恐寡不敌众，应等准备充分后再行动。但潘田农会告急，才先集中兵力举行了潘田暴动，然后趁攻克潘田之势，率队直入良乡市，与良乡自治会的武装会合，围攻县城。

2月11日，十团和农民自卫军两三千人，在郑兴、张泰元、黎凤翔等指挥下，全副武装从九龙嶂来到良乡市及附城一带；还有六七千名农会会员带着火药枪、耙头串、镰刀、锄头等武器，从四面八方赶来。各路武装层层包围县城。当晚7时起，攻城开始，工农革命军和良乡市武装则隔河向县城老市发动猛烈轰击，吓得县长冯熙周急向汕头欧阳守备司令发电请兵。12日，攻城战斗更加激烈，战斗到下午5时，冯熙周又向国民党广东省政府及国民革命军第八路指挥李济深求援。13日，战事稍停。十团和西北路农民武装负责人在攻城受挫后分头在建桥围、双螺口等地聚集兵力，准备反攻。

14日，西路农民武装以建桥为大本营，协同十团大军向县城进攻；北路各乡农民武装为策应。双方主力在县城西十里的罗屋坝激战半日，西路攻城主力仍不能前进，于是退守建桥围，被敌人尾追，十团和农民武装只得撤到山区，北路农民武装亦退回双螺口、布心一带，作为攻城大本营的良乡市再次陷落。再次攻打县城的暴动虽然失败了，但十团和农民武装声势浩大，给丰顺的反动派以沉重打击。

（二）再次攻城失败后的斗争形势

再次攻打县城的武装暴动失败了，反动派即以铲除"匪乡匪巢"的名义进行反扑报复，到处烧杀抢掠，良乡市数百间店铺、房屋几乎被夷为平地，片瓦不留。县长冯熙周不但频频命令县保安队队长吴定中派员随同留驻县城的防军胡秉衡营和县兵连出发

"兜剿"，还委任吴柏苍为"剿匪"指挥官，督队"进剿"各处农民武装据点和九龙嶂柑子窝等山村。农民武装领导人张泰元等几十人被通缉。十团在九龙嶂山区也无法立足，队伍不得不化整为零，躲避敌人的围攻和搜捕。数以千计的群众流离失所，沦为难民，一些人则被迫逃往南洋，白色恐怖遍及丰顺城乡。其时，县城一带适遇鼠疫流行，蔓延甚烈，真是天灾人祸一齐降临。黎凤翔为此悲怆地写下了"人言革命是求生，革命难为丰籍民，血染征衣犹未洗，又遭天犬①动刀兵！"的诗句。

① 天犬指鼠疫。

第二节　工农武装斗争的恢复和发展

一、中共丰顺临时县委的产生与广东省委的指示

中共丰顺县部委原于 1926 年秋建立，1927 年 4 月发生反革命政变后，丰顺党组织受到国民党反动派的严重摧残和压迫，县部委书记王兆坚曾一度赴武汉找党中央，党务也即停止。年底，中共广东省委曾指定东江特派员罗欣然来丰顺兼任县委书记，但他并没有同丰顺党组织及时取得联系。再次攻打丰顺县城的武装起义失败后，为避开反动军队"清剿"的锋芒，以保存实力，十团的队伍实行分散活动。1928 年 4 月至 5 月间，潜伏在梅南的蔡若愚，会同胡新华收容了失散战士，回到九龙嶂浪荡石。攻城撤退后的黎凤翔、张泰元、张建臣、邹玉成也陆续回九龙嶂，郑兴也绕道留隍回到浪荡石，在浪荡石重建十团团部，并由郑兴、朱公伟、黎凤翔、邹玉成、杨淑庆 5 人于 1928 年 5 月在丰顺九龙嶂九龙村（今丰良镇九龙村榕树塘"永昌居"）组织了中共丰顺临时县委，由黎凤翔任县委书记。此后，各项党务工作开始陆续得到恢复。

1928年6月12日，郑兴代表丰顺县委向上级作了关于丰顺党务、军事和社会状况等问题的报告。中共广东省委接到丰顺县委的报告后，于6月24日致信丰顺县委，肯定了丰顺恢复党组织和发动组织群众的工作，并对整顿党的组织、发展民众、土地运动与武装斗争等方面的工作，都做了重要的指示。省委信中说："你们能恢复丰顺党部并准备进行各种发动组织群众的工作，省委认为是好的。"省委表示，"丰顺农民斗争情绪颇高……希望兴宁、丰顺加紧工作，创造出真正群众的斗争……丰顺县委应当认识自己责任的重要……全县代表大会选举县委事应从速执行……丰顺在一月内至少续发展农会会员10000人……必须注意找出工农群众中各种实际问题，尽力宣传鼓动，以提高群众的斗争情绪……对反动军队须设法派人活动，以鼓动兵变"。丰顺县委遵照省委的指示，加紧进行各方面工作。

二、斗争方针的改变和党群组织的发展

中共丰顺县委总结回顾了1927年4月15日广东反革命政变以来两次用"良乡主义"（将革命斗争错误地与宗族姓氏之间矛盾相混淆，混淆了阶级矛盾，造成了革命不彻底）的旗帜，号召几万群众，进攻县城的失败教训，认识到失败的原因在于用良乡主义发动群众斗争，混淆了阶级阵线。丰顺的工农武装斗争是在总

结经验教训，纠正军事投机错误，改变斗争策略之后，才走向复兴和发展的。

中共丰顺临时县委成立后，从失败中总结吸取了教训，改变了工作方针，也提出了组织发展的工作计划：加紧恢复各地尚未恢复的支部；尽量吸收忠实、勇敢的工农群众入党；加紧恢复农会；针对"党员中丰顺的同志非常幼稚的情况，加紧训练各同志"。临时县委向广东省委作了报告，广东省委6月24日及时回信，对训练党员和发展农会的方法又作了具体指示。县委在接到指示后，加紧了各方面的工作。到7月底8月初，丰顺县委在恢复各地支部的基础上，建立了一、三、四三个区委。一区委书记黎凤翔（兼）；三区委书记傅受实。全县有党员120人。

与此同时，由中共五华县委书记、广东工农革命军东路第七团团长古大存带领的五华县30多名党员和武装骨干于1928年5月来到丰顺八乡山并建立革命据点，宣传发动群众。八乡山区是丰顺汤坑区一个乡，地处与五华、揭阳交界的鸿图嶂（海拔1277米）下，面积130多平方千米，群山环抱中有小溪、贵人、大竹园、滩良、尖山、龙岭、高车、蟾蜍田等8个大村庄，还有20多个小村寨。这里的农民极为贫苦，革命群众基础较好。古大存、古宜权、李斌等人用组织贫农自救会的办法发动贫苦农民，先在苦仔溜（今汤西南礤）烧炭寮成立了第一个贫农自救会小组，马运为组长。随后，贫农自救会组织逐步扩大到八乡山各乡村，使八乡山农民很快组织起来。贫农自救会带领农民群众在夏收中开展抗租斗争，并建立和发展农民赤卫队组织。农民兴奋地唱："你莫悲来你莫愁，还有张炳[①]来带头，革命自有成功日，茅屋烧了住洋楼。"同时，古大存还化装辗转到揭阳观音山、丰顺崀下，以打石、做长工为掩护，进行革命活动。1928年6月间，郑兴和古大存取得了联系，随后古大存便转移到了九龙嶂。八乡山组织发动群众的方法也影响到九龙嶂和其他地区，从而进一步加速了各地党和农会组织的恢复和发展。1928年底，全县党员发展达1000人左右，农会会员约万人。中共中央巡视员贺昌（毅宇）给中共中央报告说："丰顺工作最好，有组织的农民群众约万人，敌军士兵极动摇，逃到我们这里来的共有四次。"

三、乡村割据斗争的开展和扩大

1928年6月，古大存到九龙嶂后便和丰顺县委黎凤翔、郑兴等交流了情况，总结了过去失败的原因和经验教训，经研究决定加强与各邻县党组织的联络，开展和扩大乡村割据斗争。于是，古大存、黎凤翔、郑兴与兴宁县委委员兼十二团团长刘光夏和大埔县委委员张家骥聚集在九龙嶂柑子窝。他们共同商定成立梅兴五丰埔暴动委员会（简称"五县暴委"），推选古大存为"五县暴委"主席，黎凤翔、郑兴、刘光夏、张家骥4人为委员。"五县暴委"下设军事委员会，由古大存和李斌、刘光夏负责，古大存兼

---

① 张炳为古大存在八乡山进行革命活动时的化名。

任军委书记。会议决定为了积极开展武装斗争，必须扩大九龙嶂、铜鼓嶂、明山嶂、八乡山根据地。"五县暴委"6月在梅县畲坑组织暴动，而且取得了胜利，使共产党在八乡山、九龙嶂又树起了革命红旗，并且对周围地区产生了巨大的影响，在短短的几天内就有失散的200多名共产党员、共青团员或工农革命军战士汇集到九龙嶂，回到部队和根据地。同志们感到革命大家庭的温暖和党的伟大力量，当时担任宣传工作的李坚真高兴地编山歌唱道：小溪出水大溪流，同志姐妹处处有；今日重上铜鼓嶂，来日下县打九洲。汕头国民党的《岭东民国日报》登载了畲坑暴动的新闻，省委得悉后即派人前来联系。不久，揭阳县委负责人卢笃茂、潮安县委负责人张义廉也到了九龙嶂柑子窝。经过兴宁、五华、丰顺、梅县、大埔、揭阳、潮安七县党组织负责人协商之后，决定在"五县暴委"的基础上，成立中国共产党七县联合委员会（简称"七县联委"），并推选古大存担任"七县联委"书记。

"七县联委"的成立，结束了1928年初以来各地党组织与上级联系中断、各自为战的状况。在"七县联委"统一领导下，领导成员分赴各地开展工作。古大存率领武装主力回八乡山建立巩固的革命据点。郑兴和黎凤翔留在九龙嶂，活动于九龙嶂附近的梅县南部、丰顺北部一带，开展乡村武装割据斗争，九龙嶂率先建立了革命根据地。梅南、丰北广大地方红色区域连成一片。10月15日，丰顺县委在大龙华乡叶华村宝田庐召开丰顺县工农兵代表大会。大会由县委书记黎凤翔主持，成立了丰顺县革命委员会，推选黎果为委员长，李坚真和朱士庵为副委员长，公开号召在根据地内开展土地革命。时值秋收季节，县革命委员会适时提出"不交租，不纳税"的口号，继续普遍地发动秋收斗争。此后，群众革命情绪高涨，形势迅速发展，各乡村组织赤卫队打击地主民团，秋收抗租斗争取得了胜利。

四、第二次党代会的召开与东江特委机关迁入丰顺

（一）中共丰顺县第二次代表大会召开

在乡村武装割据斗争扩大发展形势下，1929 年 1 月 1 日在留隍黄礤畲角刘尾召开了中共丰顺县第二次代表大会，正式成立中共丰顺县委。大会内容着重研究 7 方面工作：（1）整理及健全组织工作；（2）宣传煽动工作；（3）斗争工作；（4）工运工作；（5）农村工作；（6）武装工作；（7）团委略情。会后认真贯彻会议精神。仅在第一季度，召开全体委员会 2 次，扩大会议 1 次，常委会 11 次，县委对各区工作加强指导，并经常派人到下层巡视工作，取得了很大的成绩。

在整理及健全组织方面，大会选举产生了新的县委。县委委员有 11 人，以黄炎、邓凤文、黎凤翔、彭化民、邹玉山为常委，黎凤翔为书记。

第二次党代会后，县委加强了对各区委的领导。丰顺全县有 5 个行政区，已建立区委的有 4 个：一区（附城区）区委因原区

委黎凤翔书记调县委后，于2月7日召开扩大会，决定杨应之为书记。二区（留隍镇黄礤）区委经过常委邹玉山到二区巡视后，于3月5日在县委扩大会议中决定陈英乔为书记。三区（汤西河西）区委由县委派县常委邓凤文驻该区后，于2月调整古韩柏为书记。四区（潘田铁坑）区委由林大秋任书记。此时，全县有30多个支部，600多个党员。

当时，省委还确定丰顺为宣传工作的中心区域，根据省委和东江特委指示，县委在出版《县委通讯》的基础上出版《红潮报》。东江特委在丰顺的黄礤依附丰顺县委的印刷机关，出版了《红报》和《工农兵出路》等刊物。宣传资料还包括：由县委根据中央所定的政治主张而主编《北伐胜利了，谁的胜利》、由十团团党部发出的告吴姓贫苦群众书、革命歌谣等。县委还指示丁愿组织新生剧社20余人，专门搞文化运动的工作，结合丰顺山区和革命斗争实际情况，编唱了40多首在群众中广为传唱的歌谣。当时李坚真就是以山歌为"轻武器"与敌人作斗争的优秀红色宣传员，唱出"山高自有人行路，水深也有掌舵人，革命自有成功日，黑夜过后就天明"等深入人心的山歌。

斗争工作方面，3月5日，县委召开扩大会议，纠正了第二次党代会存在怕武装冲突之错误，重新决定开展武装斗争，尽可能发动大大小小的游击战争，鼓起群众革命的情绪，并确定举行丰顺大暴动。

在工运方面，对外以丰顺总工会筹备处名义指挥工作，以邹玉山为主任。三区汤坑设丰顺总工会筹备处，由蔡守民、丁家栋、陈钰负责，在店员中成立党支部，有党员6人，并成立了缝业工会、理发工会。二区留隍店员中有党、团员十多人。四区黄金有党支部和船工工会。

在农村工作方面，着重抓3方面组织工作：一是农协组织，在一、三、四区都有区农会组织和二区刚组织有区农会的基础上，2月27日召开了全县农代会，选举产生新一届丰顺县农民协会，农委11人，邓凤文为主任。二是赤卫队组织，在原来只有一区有赤卫队两个中队的基础上，新成立二区黄礤乡赤卫队，三区、四区各两个中队。三是妇女组织，建立和健全丰顺县妇女运动协会，景姑为主任。

在武装工作方面，一是把一区九龙武装、二区黄礤武装合编改为教导连，并由陈仕珍负责军委工作。二是把武装集中到黄礤进行军事和政治训练。三是把石角坝等地自由行动的武装集中进行改编，设法纳入县委的领导和指挥。四是县委设法解决武装部队的给养问题。

在团工作方面，党代会后，即安排张师武任共青团县委书记，李在新、蓝某、李井泉为委员，下辖一、二、三、四区委，团员200余人。3月12日召集全县代表大会改组团县委，由李井泉任书记。

在县委新班子领导下，1929年2月组织丰顺县工农兵革命委员会，邹玉山、李在新、陈仕珍3人为常委，邹玉山为主席。下设秘书处、裁判肃反委员会、军事委员会。秘书处下设文书科、会计科、侦探科、交通科。军事委员会下设红军独立第十四团。

丰顺县第二次党代会的召开和县委新领导班子的产生，为1929年革命大发展做好了组织上的准备。

（二）东江特委机关迁入丰顺及其意义

中共东江特别委员会（即东江特委），是1927年4月下旬在海丰正式成立的，开始时由彭湃担任书记。随着形势的变化，1928年6月根据省委指示，潮梅特委与东江特委合并，组成了新的东江特委（包括惠、潮、梅整个粤东在内的大东江）。从此，丰顺县委也归属东江特委领导。1928年下半年，东江特委机关屡次遭敌袭击，东江特委机关被迫转移到普宁县，后又转移到潮安县境，处境已十分困难，不能充分开展活动。到了1928年底，八乡山、铜鼓嶂、九龙嶂三块赤色区域几乎连成一片，不仅为邻县的革命活动提供了回旋的余地，而且为东江特委领导机关准备了新的比较理想的指挥基地。于是，东江特委于1929年1月在书记林道文和委员林国英等领导人率领下，机关从潮安秘密转移到丰顺释迦崆的茶背西山南寮和黄礤一带，受到丰顺县委的热烈欢迎和热情接待。县委于2月5日上交大洋400元、金仔8个给东江特委作机关建设和活动经费。东江特委的印刷处等单位和丰顺县委一起办公，丰顺第二区委发动群众筹款筹粮，保障东江特委的给养问题。同时，县委还组织一个教导连驻扎在黄礤，做好东江特委的保卫工作。东江特委搬到丰顺后，很重视丰顺县委的工作，看到丰顺是游击战争区域，有实行政治、军事训练之必要，故派丰顺县委常委、独立第十四团的团长邹玉山，独立第十四团政治委员彭化民于 2 月 5 日赴香港，参加省委在香港举办的军事训练班和贯彻中共六大精神的会议。他们回来后，为适应当时东江革命的迅速发展，东江特委和丰顺县委联合于 3 月 21 日至 4 月 6 日在留隍黄礤举办了训练班，参加集训的有 9 县县委会和团县委负责人 30 人。训练的科目有游击战争、农民运动、苏维埃政权等 12 门。

此后，东江特委机关改变了领导涣散的状态，健全了东江特委组织。在东江特委的直接领导和丰顺县委帮助下，丰顺东南部的黄礤、东联一带，揭阳东北部的五房、坪上一带和潮安西北部的居西溜一带，以释迦崇为中心，建立起潮梅第二个游击区域。

东江特委在丰顺茶背西山重建特委机关，对于加强东江地区革命斗争的领导有着重大意义。东江特委搬到丰顺西山，与机关设在黄礤的丰顺新县委毗邻，关系很密切，正如《丰顺县委给省委的报告》中讲的"一切关于丰党实际情形和工作状况东江特委都很明白"。陈毅在 1929 年 9 月 1 日《关于赣南、闽西、粤东江情况的报告》中指出，"丰顺、梅县、五华、兴宁、大埔、饶平、普宁各县群众大部分归我们领导"①。因此，丰顺各项工作也能得到东江特委及时的指示。在东江特委的领导下，丰顺和全东江的土地革命斗争很快复兴和发展起来，东江土地革命运动的中心逐渐向八乡山转移。

---

① 龙岩市委党史研究室编：《闽西革命文献资料》，1982 年 7 月版，第二辑，第 203—207 页。

第三节　革命根据地的建立和发展

一、八乡山区斗争的发展与八乡山第一仗

八乡山原属中共丰顺县第三区委，因三区范围特别大，随着斗争形势的发展，三区又划分为3个区委（即原三区和新划出的六区和九区）。九区委八乡山接近五华，故划给五华指挥。"七县联委"成立后，古大存率部分武装回到八乡山区，继续进行恢复和发展党组织的工作，发动农民开展武装斗争。他们在八乡山办训练班培养干部，建立小型兵工厂，设立简易医院。1928年10月，在八乡山大竹园召开八乡各村农民代表会，成立五华第九区（从原丰顺第三区划出的八乡山范围）农民协会，选举陈景祥为会长，朱炳南为副会长。到1928年底，在八乡山便建立起较巩固的革命根据地。1929年2月19日，在东江特委派出的陈魁亚、卢笃茂和卢伟良等人指导下，中共五华县第一次代表大会在丰顺县的八乡山小溪石涧坑召开，选举产生了中共五华县委，古大存当选为县委书记。大会决定在五华各区乡建立苏维埃政府，实行土地革命。中共中央巡视员贺昌和东江特委对八乡山斗争所取得的显著

成绩甚为满意，并寄予很大的希望。五华的党员以八乡山这个中心区域为依托，经过几个月的艰苦奋斗，使五华县党组织工作普遍恢复和发展起来。

八乡山革命斗争的发展，使国民党反动派惶恐不安。1929年4月初，丰顺、五华、揭阳3县国民党驻军毛维寿部队和民团、警卫队共2500多人，分5路"围剿"八乡山。其中丰顺境内的敌人决定首先进攻小溪村，古大存和丰顺县委都事先接到地下交通站送来的情报，古大存在八乡山小溪召开紧急会议，针对敌情制定了作战方针。会后，在红军战斗骨干指挥下，把小溪、马屋山村等地的农民赤卫队组成3支精干的队伍，分别埋伏在小溪周围的山岭上。丰顺县委指示第三区和北斗赤卫队在外围紧密配合，伺机夹击敌人。八乡马屋山等地的妇女，组织运输队，跋山涉水运送物品，支援战斗，老人儿童则转移到较安全的地带。

4月2日晨，国民党丰顺汤坑区长黄夺标打头阵，带领反动军警200余人，分两路进犯八乡山。一路从河西直入越过伯公坳；另一路由黄夺标率领，从汤西大罗翻过田子山。两路敌人采用"钳形"战术"围剿"小溪村。3日中午，两路敌军闯进小溪村会合，发现村中空无一人，便入屋搜掠、牵牛、宰猪，准备饱餐一顿。正当敌人狼吞虎咽之际，红军指挥一声号响，埋伏在四面山上的赤卫队和农民群众突然猛冲下来，杀声阵阵，敌军不辨虚实，仓皇向伯公坳撤退。红军和赤卫队趁势追击。敌军在伯公坳遭伏击受到重创，黄夺标被击毙，余部狼狈败往汤坑，沿途又被徒手或拿菜刀的农民袭击。是役击毙反动首领黄夺标，缴获敌人长枪

20余支，杀死警卫队和兵士20余名，被称为"八乡山第一仗"。敌人对八乡山的第一次"围剿"被粉碎后，接连多次进犯八乡山，但受到八乡山军民运用"石头阵"等战术的英勇打击和丰顺全县暴动的牵制，都被一一粉碎了。

八乡山第一仗的胜利，使革命力量日益发展壮大，赤卫队发展到4000多人，拥有900多支枪。5月下旬，各村选派代表在贵人村开苏维埃代表大会，成立了第九区苏维埃政府，推选朱炳南为区苏维埃主席，卢济堂为副主席。苏维埃政府开始没收地主土地分给贫苦农民，举办贫民学校、供销社、贫民医疗所、缝衣社等。这样，以八乡山为中心的革命根据地，至1929年夏基本形成。1929年10月，东江特委在八乡山小溪设立东江红军总指挥部，特委常委、军委书记古大存任总指挥。1929年12月，五华县工农兵代表会在八乡山贵人村召开，成立了五华县苏维埃政府。同年12月，东江特委机关迁至八乡山小溪，在这里领导东江军民进行土地革命战争达到高潮。

八乡山革命根据地是在中国革命暂时处于低潮、东江革命斗争遭受严重挫折的形势下创建起来的。古大存和黎凤翔、李明光、李斌、古宜权等共产党人在极端困难的条件下，及时率领队伍上八乡山、九龙嶂，另辟新路，坚持斗争，使以八乡山为中心的革命根据地得以建立和发展，给东江革命斗争带来新希望。八乡山革命根据地的形成，标志着东江地区革命运动走向复兴。

二、遍及全县的丰顺大暴动及其意义

关于丰顺武装斗争工作，1929年初全县第二次党代会决定成立教导队，把一区九龙嶂的武装和二区黄礤的武装各编为一个小队，然后集中到黄礤训练并改称教导连（分2个排、每排20人）。为适应武装斗争的需要，1929年2月17日，丰顺县委决定建立红军独立第十四团，邹玉山任团长，彭化民任政治委员，杨学哲任参谋长，下设2个连。同时，在县军事委员会辖下有县赤卫大队约100人，各区有区联队，每区约30人，各乡有常备队10至20人，共约200人，其他各乡有枪支随时可以调动的后备队约300人，还有成千上万人的粉枪队和刀矛队。县委还于3月5日在黄礤召开扩大会，重新研究斗争工作，制定了"发动大大小小的游击战争，鼓动群众革命精神"的斗争方针。八乡山第一仗的胜利，充分体现和进一步鼓舞了群众高涨的斗争情绪。东江特委对此也作了指示，认为："目下丰顺群众的斗争已经起来，大有发展普遍之势，暴动局面已经开展，只要党能够坚持执行，积极地去发动领导，则爆发暴动完全有可能的。"4月5日，敌军不甘心"围剿"八乡山小溪的失败，派一连人配合警卫队进攻河西、南礤，企图再次"围剿"八乡山，农民武装因力不能敌，老幼20余人被杀，河西和北斗各乡被敌人烧毁房子六成以上。于是，东江特委又指示丰顺县委，"分散敌人对河西、八乡山的力量，更加促成丰顺暴动的局面"，以解五华、八乡山之围。

　　丰顺县委分析了形势，研究了东江特委的指示，认为：当前蒋桂战争有利于革命斗争，本县的敌人也矛盾重重，在动摇崩溃。广大群众为了抗租分田地，迫切要求暴动。特别是受八乡山反"围剿"胜利的鼓舞，一区的群众要求打县城，四区的群众则要求打黄金和潘田铺。因此，县委决心发动领导暴动，成立暴动总指挥部。集中红军和赤卫队600人作主力，由县赤卫大队总队长刘春（紫金县人，广州农讲所第4期学员，曾奉派赴香港受军事训练，后由东江特委派来）任总指挥。决定把全县划为4个暴动区，以二区（留隍）、四区（黄金）为第一暴动区，是暴动的重点区域，先打黄金市，后打留隍市。以一区（附城）为第二暴动区，在县城周围各乡同时暴动，但不攻打县城。以三区（汤坑）为第三暴动区。以五区（潭江）为第四暴动区，配合第一暴动区作战。

　　1929年4月7日，刘春和黎凤翔按作战部署，在第一暴动区指挥，把红军和赤卫队300多人分作3路行动：一路由刘春亲自带领，从潘田铁坑出发攻打黄金市；一路由陈仕珍带领，攻打留隍市；一路由四区委带领，在潘田阻击并作后援。这天天刚亮，刘春带领一路军即抵黄金市，把国民党四区治安会、警署等单位驻地包围起来。红军和赤卫队发起突然袭击，敌人胆战心惊，不敢应战，敌警署柯巡官想要逃脱，当场被击毙。其余20多名警兵惊慌逃跑，被击毙数人。在搜捕中活捉了二、四、五区联防总处副主任、黄金区治安会主席刘饮堂，其子刘野庐越屋顶逃出也被击毙。红军一举攻下黄金市，全歼20多名敌兵，缴获驳壳枪、长枪20多支。负责在潘田打援助、阻击的一路，攻打寨下驻扎的敌兵，使他们不敢增援。攻陷黄金市后，总指挥部贴出安民告示，做善后工作，主力部队则乘胜向留隍挺进。留隍守敌虽有准备，但慑于黄金已被攻下，只略作抵抗即向市内溃散。暴动部队在占据制高点红山岽后进行搜索，俘敌十余名，镇压土劣1人。总指挥部在留隍市亦贴出安民告示，召开群众大会，宣传共产党土地革命政策，号召群众起来打土豪、分田地、不还债、不纳税，还分别在两市成立区革命委员会。但由于当地土劣勾结潮州市敌军炮兵营和县警兵300多人进行反扑，汤坑敌军也包抄过来，在占领留隍市一天半后，红军总指挥部采取果断措施，迅速撤出，然后分作两路转移，一路奔向黄礤革命根据地，在丰潮揭边界打游击；一路奔向九龙嶂，在丰梅边界开展游击。其中向黄礤这支队伍，出击潮安县田东圩（丰潮交界处），收缴了田东警备队的洋枪14支，收降警备队队员10名。

当红军回黄礤革命根据地休整时，敌人为了报复，妄图歼灭红军主力部队。1929年4月15日，敌人炮兵营和潮安警兵分两路向东江特委、丰顺县委所在地的黄礤进攻。驻在汤坑的敌军第二营，也改变了"围剿"八乡山的计划，把兵力东调来"围剿"黄礤。部队指挥考虑到在黄礤作战有很多有利条件，即动员在黄礤的红军、赤卫队和革命群众1000多人，在敌人走得精疲力竭，还没有站稳脚跟的时候，与敌人决战。部队首先占领了宝耳山，把敌人牵住，一直战斗到深夜。晚上，部队利用熟悉地形的有利条件，组织一支16人的驳壳队，分2个小组摸营，进入敌人心脏作战，打得敌人晕头转向，胆战心寒，毙敌军连长1名。最后，敌人仓皇突围逃走。红军取得了反"围剿"的胜利。

就在攻打黄金、留隍两市的同时，第二暴动区各乡统一行动，也都取得了胜利。除没有打县城外，主要暴动点有下汤、马图、上林、建桥、叶畲（现属梅县）和梅县的银窟等地。至于第三暴动区，敌军叶团二营和一区反动武装正由河西进攻八乡山时，得知黄金、留隍和附城各乡普遍暴动消息，叶团被迫撤出，转调留隍、黄金等地援救。一区反动武装更害怕县城暴动，也龟缩回去了。八乡山军民乃反守为攻，打退了五华张寿忠率领的警卫队，再次取得反"围剿"的胜利。

这次全县暴动，总计攻陷敌人 2 个区公所，13 个乡公所，毙敌 11 人，俘敌 174 人，缴获各种枪支 301 支，给了反动派沉重有力的打击，迫使敌人只龟缩在县城、留隍、汤坑等大圩镇。同时，也动摇了国民党在丰顺、五华以至潮梅各县的政权，对进攻八乡山的敌人造成了反包围的形势。1930 年 8 月，东江代表在《苏维埃区域第一次代表大会红军第十一军（东江）报告》中也给予高度评价："丰顺暴动……结果领导暴动群众转变到游击战争的道路上去……在东江革命形势开展的过程中，确有它伟大的意义。它是东江群众斗争一声有力的号炮，它冲破了反动统治年来白色恐怖的铁网，它提高了东江群众不少斗争勇气。自丰顺暴动之后，不独在西北的五华、丰顺、兴宁、梅县等地继续发动游击战，在西南的惠来、潮阳、普宁等处，也相继爆发了武装冲突，与西北的武装冲突遥相呼应，相互配合。至夏收斗争时，已取得部分抗租的胜利，造成广大的赤色区域，四十六团红军，也在此时成立，而成为群众斗争的一种动力。"此时，丰顺红色割据区域初步形成。

三、东江党代会的召开与红军第四十六团的建立

（一）东江第二次党代会的召开

早在 1928 年 6 月间，中共广东省委指示"东委潮委合并改组为东委"时，就要求"东委即须定期召集东江（包括潮梅）各县党的代表大会"，之后省委对东江党代会的工作又作过多次指示。可是，后来东委机关屡遭敌人突袭，特委书记彭湃也离开了东江。当时东江形势十分险恶，接任东江特委书记的梁大慈（梁干乔），在冯菊坡（中共广东省委派至东江的巡视员）被捕时惊慌出走，驻在潮安城里的东江特委领导机关处于解体状态，使召集东江党代表大会失去了现实可能性。1929 年上半年，东江革命运动走向复兴，随着斗争形势的迅速发展，东江特委才又决定召开东江党代表大会，以进一步贯彻党的六大和省委二次扩大会议精神，掀起东江革命的新高潮。东江特委为此向省委作了报告，省委同意迅速召开东江党的代表大会，并作了详细的指示。东江特委根据广东省委的指示，经过充分的准备，于 1929 年 6 月 18 日至 7 月初在丰顺黄礤三桥坑胡，召开了东江第二次党代表大会，出席大会的有 11 个县委和东江特委、东江团委代表 23 人，共青团广东

省委巡视员以及各县党的活动分子，青年团负责人 30 多人也参加了大会。大会主要内容是：（1）分析了当前革命形势和确定今后总任务。指出："东江革命在严重的白色恐怖之下，不断的艰难困苦的奋斗，在东江军阀战争时期及丰顺暴动的爆发时期中，亦很明显的活跃。"（2）总结了过去斗争的经验教训，部署了今后各方面的工作。对党的建设、职工运动、农村工作、军事工作、青年团问题、经济问题和济难会工作等问题进行讨论，并通过了相应的决议。（3）选举了新的中共东江特委。卢济为特委书记，杜式哲为副书记，古大存为东江特委审查委员会书记（9 月初，又任特委常委兼军委书记）。这次大会对农村工作、城市工作和军事工作方面作出了许多正确的决定。但是，由于受到"左"倾思想的影响，大会没有强调实行土地革命和建设农村革命根据地，夸大城市工作的意义和片面强调党的基础工人化。这就给后来的革命斗争带来一定的消极影响。

（二）红军第四十六团的建立

丰顺自 1929 年 4 月暴动之后到东江第二次党代会召开，一直没有停止游击战争的武装活动。东江第二次党代会认为："东江农村的斗争，动辄走上武装冲突的局面，武装的组织与准备成为必要。"大会指出，应不断进行赤卫队及红军的组织、训练和武器之搜集。因此，会后即成立了东江工农武装总指挥部，古大存任总指挥。这时，五华、丰顺、兴宁、梅县和大埔的工农革命军和农民武装已发展到 300 多人。古大存将这些武装编为东江红军第四十六团，团长李明光，政治委员丘宗海，参谋长杨崇哲。随后，在东江工农武装总指挥部附近建立一座百余人的兵工厂，赶制枪弹。为了适应武装部队不断发展的需要，根据地创办了军事政治学校，校址先在马图，后在梅县水尾，共办了三期，培养了政治军事干部两百多人，在顺里村建立兵工厂，在九龙嶂办武器修理所，在小桑设立红军医院，在水围村设立军服厂。1929 年 10 月，在八乡山小溪正式成立了东江红军总指挥部，机关后来设在梅埔丰边梅南的顺里。1929 年 10 月，东江红军总指挥部在八乡山小溪正式成立，机关后来设在梅埔丰边梅南的顺里。红四十六团在东江红军总指挥部直接指挥下，坚持在八乡山、九龙嶂、铜鼓嶂等革命根据地斗争，对丰顺县属革命根据地的巩固和发展，作出很大的贡献。

四、红四军进军东江到马图休整及其影响

中国工农红军第四军是 1928 年 5 月在井冈山成立的，朱德任军长，毛泽东任党代表，陈毅任政治部主任。红四军进军东江是酝酿已久的军事行动。1929 年 4 月，东江革命渐次复兴之际，东江特委就希望红四军能来东江，帮助东江的斗争。到了 5 月下旬，红四军第二次入闽后，函告东江特委，红四军"有向东江游击一时期的可能"，1929 年 6 月中旬，红四军前委派陈毅为代表到东

江特委（驻丰顺西山南寮），告知红军及闽西的一切情况和红四军要到东江地区来，要求东江特委和丰顺县委做好一切准备工作。当时，东江党代表大会详细讨论了红四军这一行动计划。鉴于东江革命力量还不强和东江的军阀战争已暂告停息，大会决定告知红四军暂不来东江。9月底，第二次粤桂战争即将爆发时，东江特委给红四军前委去信，报告了当时东江的形势和东委的斗争策略，要求红四军坚决向闽西南、东江边界游击，直接帮助东江西北部的斗争与推动东江群众更加激烈地起来斗争。这时，中共中央向红四军前委发出了关于红四军入东江问题的指示。10月13日，红四军前委接到中央指示信后，决定立即调3个纵队向潮梅游击。东江特委为策应红四军进取东江也从多方面部署了工作。

10月19日，军长朱德和参谋长朱云卿率领红四军3个纵队共6000多人，从闽西分三路进军东江。主力部队于21日先集结在梅县松源，22日，陈毅和罗欣然等也来到松源会合，24日经蕉岭，于25日下午抵梅城附近，经1小时战斗，攻占了梅县。当即颁布了署名毛泽东、朱德、古大存、刘光夏、陈魁亚、朱子干、陈海云7人为主席团的《东江革命委员会关于公布执行土地政纲的布告（第一百七十七号）》。26日晚，敌大部队反攻梅城，红四军主力从梅城南面撤出，10月28日，朱德等人率全军在东江特委、丰顺县委的策应下，转移到丰顺的马图休整。

东江特委于10月20日向各县党组织发出第一号紧急通告，及后又发出了一系列的指示，具体要求各县应配合红四军来东江的行动。丰顺县委接到东江特委的指示后，迅速落实组织上、军事上、政治上和后勤保障上的工作。在组织方面，除派了一名负责同志参加东江西北七县联合设的办事机关，指挥和做好配合红四军来东江的行动外，由县委委员黎凤翔、县革委会委员杨立中、团县委书记李井泉和区、乡苏维埃政府的同志，在马图组织和布置欢迎工作，并在荷树坳的文祠设立接待站。同时组织马图乡党支部、团支部、赤卫队、少先队、儿童团等单位、团体，列队到北洞深坑肚迎接红四军到来。在军事方面，组织全县的县、区、乡赤卫队配合红四十六团、四十七团乘机攻占汤坑和留隍，动摇敌人后方和截击从潮汕方面来援西北之敌。10月26日，在留隍高砂界（高华、砂汤）红军与敌激战两个小时，击毙敌排长1名，敌兵数名，警卫队死伤十余名。同时，组织赤卫队做好警戒和支前工作。受东江特委委派，东江特委常委、军委书记古大存到马图接应红四军，东江红军四十六团也与红四军会师于马图。在政治方面，各区结合纪念"双十节"，举行武装游行示威，印发宣传大纲，发动群众反对国民党的斗争。在马图则到处书写着"热烈欢迎红军第四军！""组织起来、打倒贪官污吏、土豪劣绅！""实行武装暴动，夺取东江政权！""打土豪、分田地！"等标语口号。还配合红四军先遣工作组在泥墙壁用石灰写上"东江革命民众团结起来""实现共产主义 扩大赤色区域""工农商学兵，齐心压泰山！"等标语。在后勤保障方面，除了动员全县秋季进行抢割抢收，储备粮食，在马图筹集粮食、甘薯、咸菜和稻草等给养外，还打扫卫生，腾出房子让红四军住宿，军长朱德住在见龙居，陈毅住在燕翼居。红四军在马图休整期间，10月30日上午，朱德在荷树凹召开了各纵队负责人及东江负责同志会议。会议上，他一再鼓励东江同志努力奋斗，争取迅速建立和扩大红军队伍，巩固苏维埃政权，扩大革命根据地。还在大埔岗召开群众大会，朱德亲自在大会演讲，号召东江民众团结起来，扩大赤色区域。使群众对党和红军的性质、任务、政策等有了更加正确的理解。

正当红四军挺进东江的时候，中共广东省委常委、军委书记聂荣臻奉令代表省委于1929年10月底从香港来到东江特委巡视工作，历时约1个月，住在丰顺茶背西山南寮（东江特委机关驻地）。他对东江特委工作与策略方针做了新的部署，并组织东江特委和丰顺县委策应红四军挺进东江、进驻马图军事行动。后来，他在回忆录中追述东江地区的斗争历史："经过艰苦转战，其余勉强保存下来的很少一点力量（指东江特委）搬到了丰顺附近的大山（指西山南寮）里面，才得以继续在那里坚持斗争。"他在谈到有关红四军进东江问题，对东江特委指出，"很明显，在东江地区建立根据地，应该向东北部地区发展，向朱（德）、毛（泽东）靠拢"。此后，东江特委机关转移到铜鼓嶂、九龙嶂、八乡山这一大块根据地，年底时机关设在八乡山小溪。并于1930年3月22日至4月2日，在小溪村召开东江特委扩大会议。1930年4月底迁至八乡山滩下（今滩良村，下同），积极筹备召开全东江第一次工农兵代表大会。

红四军退出梅城后，敌人怕红军将袭击潮汕，大部由梅县开往汤坑，因而梅城守敌锐减。红四军在马图休整后斗志旺盛，得悉梅城敌情后，便在31日上午反攻梅城，未果。当晚红四军即向平远、寻乌方向撤退。红四军转移后，从 1929 年 11 月初至 1930 年 5 月初的 7 个月里，以梅兴丰华边的九龙嶂为中心的兴梅地区和韩江两岸红色区域已与赣南、闽西中央苏区连成一片。

红四军进军东江虽然没能完成预定的战略任务——实现东江割据，且遭较大的损失，但对东江革命却产生了积极的推动作用，其主要影响是：第一，打击和震撼了敌人。东江各处的敌人被红四军所震慑，十分动摇和恐慌。第二，加速了东江革命武装力量的发展壮大，红四军到东江后，把建军经验传播给了东江部队，还把一个大队的 120 多名红军留在东江，增加了东江红军的骨干力量。另留下 30 多名政工、参谋人员和枪支弹药，加强了东江红军的战斗力。第三，扩大了中国共产党和中国工农红军的政治影响，推动了东江尤其是西北地区游击战争的深入开展，加强了西北地区 7 县包括丰顺县在内的苏维埃政权的建设，加速了土地革命的进行，并推动了粤东北苏区融入中央苏区。同时，为同年 12 月召开的古田会议奠定了思想基础。

五、县委的改组、秋收斗争的失败 与讲和政策的纠正

1929 年初丰顺第二次党代表大会以来，斗争形势发生很大的发展和变化。为了纠正过去政策上、工作上存在的问题，确定今

后工作路线，1929 年 9 月 17 日至 20 日，中共丰顺县委在黄礤召开了县委扩大会议，共 58 人出席会议，东江特委派遵道参会指导。大会讨论了当前形势，检讨了本届县委成立以来工作上存在的一系列问题。同时对秋收斗争问题做了具体的决议，认为："若能运用党的正确路线，则丰顺秋收斗争前途的发展，有消灭全丰顺反动统治的可能。"大会还就对富农的策略、秋斗的军事工作训练班、没收分配土地的原则、一般斗争的发动与完成土地任务相联系和对于组织问题的决定等，向东江特委作了报告。为健全县委、区委组织与巡视制度，大会决定对县委领导班子进行改组。改组后的县委委员 7 人：邓凤翱、黎凤翔、邹玉山、黎果、刘秋澄、朱达邦、杨立中。邓凤翱为书记，黎凤翔负责农会。各区的组织也作了重要的变动。

丰顺大暴动后，游击战争的开展，保证了夏收斗争时取得部分抗租斗争的胜利，形成了广大的赤色区域，把土地革命斗争引向深入。这时，敌蒋光鼐部驻扎东江，国民党派张叔廉来丰顺当县长，同时调张世德部一营来丰顺镇压革命。敌兵分布在重要城镇和赤色大乡村，与本县反动势力相结合，一方面采取严厉的高压政策；另一方面施以改良欺骗宣传，企图扑灭群众的斗争。因此，丰顺的秋收斗争形势是异常严峻的。时值红四军即将来东江之际，东江特委认真研究开展秋收斗争"与红军进取东江相配合"的策略和计划，认为"丰顺是目前东江农村斗争的中心"，而"秋收是丰顺斗争的生死关头，如果斗争得过使敌人的经济给养处于绝境，而且有进一步消灭他们的前途，否则斗争必失败而有不可收拾之危险"。根据东江特委的计划，丰顺县委及时做了保卫秋收的武装准备。一方面，集中全县赤卫队五六百人，进行军事训练，然后分到各区乡驻扎，并派出教官和部分高素质队员到各地去巡视。另一方面，请东江特委把教导连留在丰顺帮助开展游击战争。东江特委考虑到丰顺秋斗成败与整个东江农村斗争的关系，决定以较大的力量帮助丰顺。但后来实际上帮助丰顺的兵力，包括原在丰顺境内的红四十六团、从大南山调来的红四十七团和红四军留下的特务大队，只有400人。

1929年11月间，是丰顺秋斗最严重的关头，敌驻防军频频进攻赤色乡村，所到之处放火烧山、烧屋，捕捉群众，枪杀革命分子，丰顺秋斗形势十分严峻。11月9日早上，一区农会报告，敌军已开走，四十六团、四十七团、特务大队即去布防，以帮农民收获。不料，侦察有误，四十六团开到凹头村时，遭到占据南华山这一有利地势的敌军扫射。四十六团冒险冲占百蛤塘房后山，敌人已进攻到该屋前山上，双方激战3小时。同时另一路敌军由金井出李树坪包围四十七团。四十七团在布心开枪牵制敌人，但因驳壳枪不利山战且子弹稀少，经不住敌军猛烈射击被迫由布心退到大凹。布心、大椹等处田禾被反动派抢割净尽，大椹、布心、李树坪、百蛤塘、下汤等处房屋被烧尽，受难民众约5000人以上，粮食、家私被抢尽，甚难过活。汤坑河西数千农民也与敌军激战4天，一面应战，一面抢收。国民党李志毅营派2个连，联合黄金警卫队连续几天"围剿"黄金赤色区域，11月21日，四十六团副团长、丰顺赤卫队总队长刘春指挥战友在峰背与敌激战，终因寡不敌众，刘春和曾子峰等 4 位同志不幸牺牲。

东江特委曾寄予极大希望的丰顺秋收斗争就这样被敌军镇压下去，红军和特务大队调到别处，开展游击斗争。无衣、无食又无处安身的五六千难民，逃到梅南、畲坑山区居住，由梅县革委会在梅南小桑和畲坑岗头设招待总处，将难民分发到各乡区苏维埃去暂住。反动政府对被他们焚劫后的乡村则实行改良欺骗政策。反动派一方面对群众进行欺骗宣传和挑拨，一方面实行严厉的管制。在敌人所谓"猛宽相济"政策的夹攻下，部分群众出现与反动派妥协的倾向，县委中也有暂时讲和的苗头。东江特委发现后，指出这是绝大错误，责备丰顺县委赶快纠正过来。1930 年 1 月 9 日，中共广东省委给东江特委信中明确指出："现时对付地主'以攻为守'的策略，只有用'积极进攻策略来打破'。因此，东江特委过去纠正丰顺县委的'讲和政策'是十二万分的正确"。在广东省委和东江特委的责成和敦促下，丰顺县委承认了讲和政策的错误，并做了纠正。

六、丰顺县苏维埃政府的成立

早在 1928 年春，中共广东省委就决定在海陆丰苏维埃的基础上，成立包括潮梅在内的全东江苏维埃的政府，指示东江特委从各方面进行筹备。根据省委和特委的指示，丰顺县委也已着手筹备建立工农民主专政政权，在 1928 年 2 月攻陷潘田乡公所时，就成立了第一个乡苏维埃政府。1928 年 10 月 15 日在叶华宝田庐召开县工农兵代表大会，选举产生丰顺县革命委员会，1929 年 2 月 17 日改组为丰顺县工农兵革命委员会，邹玉山任主席，为成立县苏维埃政权打下基础。

在县委和县革委领导下，丰顺人民用革命武装反对国民党的反动武装，经过艰苦奋斗，流血牺牲，扩大赤色区域，1929 年秋终于在宝田庐建立县苏维埃政权，并在 1930 年 5 月正式公布成立丰顺县苏维埃政府。县苏维埃执委有黎果、黎凤翔、杨立中、刘中天、彭在璇等，以黎果为委员长。常务委员会下设：调查委员会、经济委员会、裁判委员会、文化委员会、土地委员会、军事委员会、粮食委员会、建设委员会、劳动委员会、交通委员会和秘书处。县苏维埃政府机关设在石门、叶华、马图一带（流动）。下辖 5 个区苏维埃政府，40 个乡苏维埃政府。一区苏维埃政府设在上林（流动），有苏区乡村：马图、坪丰、松梅、江坑、上林、吉演、田坑、松江、新合、九龙、布新、黄粗、小椹、复兴、成东、成西、叶田、坪峰、三和、丰田、兵营。二区苏维埃政府设在黄礤，有苏区乡村：黄砂田、崇下、西山、黄礤、金岗、黄沙坑、高华、富足、溪北、大坪。三区苏维埃政府设在河西，有苏区乡村：南礤、河西、大罗、新兴、桐新、桐崇、棋坪、上村、横东、梅溪。四区苏维埃政府设在铁坑，有苏区乡村：双罗、北溪、石门、叶华、叶东、长埂、铜山、松坑、长布、岗背、上溪、龙北、径门、径双、鹅湖、罗洋、龙山、双灵、三联、遍沙、三合、望楼、坑尾、罗江、湖田、嶂背、铁坑、芹寨洋、集群、填江、松柏、下山、仙龙、流坑、石坑、华亭、中心、新联、上吉、新东。五区苏维埃政府设在叶华（流动），有苏区乡村：铜丰、占上、占山、大坑、沙溪、岳坑、荷坪、珠坑、小溪、富溪、降福、高牛、粉畲、然新、社畲、官上、官下、大胜、枫坑、箭竹。另外还有隶属五华县委第九区（八乡山）苏维埃政府设在八乡贵人村，有苏区乡村：下马、马山、贵人、小溪、大竹、万吉、滩良、戏潭、银河、苏坪、蝉联、尖山、高车、火滩。苏区占全县幅员半数。

在县苏维埃政府领导下，各乡组织土地委员会，进行分配土地，全县有4万多人分配了土地，使百分之七八十的农民自耕足食，在四区和五区组织了船工会，并着手组织各种工会和手工业工会。对一般雇农及手工业工人，也由苏维埃分配土地，解决生活问题。同时进一步建立和健全武装组织。有县赤卫模范大队（约100人）、各区区联队（每区至少30人）及各乡常备队（每乡10～20人）共约300人。其他各乡有枪支，随时可以调动的后备队约300人，还有成万的粉枪队和刀矛队。并从县赤卫模范大队部抽调一部分，扩充红军。县苏维埃政府成立的第一天，便公布离婚结婚自由，但须到政府登记。禁止买卖婚姻，禁止蓄婢妾及童养媳。政府公布的离婚结婚登记的临时标准受到广大青年男女的热烈拥护。苏维埃政府机关的经济，靠没收反动财产及征收农业税（即收获税，一般农民5%，富农征收15%～30%不等，极贫苦的农民免收）解决。当时没收反动派的松、杉及公山的林木等，价值 20 余万元，使政府机关经费仍能勉强维持。县苏维埃政府出版了文字浅显通俗的《红潮》月刊，结合纪念节日印发小传单，利用会议、巡回演讲队、白话剧团、墙头标语，向群众开展宣传教育，还在各乡办起免费学校和平民夜校，传播政治消息及共产主义浅显的理论，进一步提高群众对苏维埃政权的认识，为巩固和扩大苏维埃政权而努力奋斗。苏维埃政府成立之后，进一步加强党对政权建设的领导。党组织以前都是秘密的，现在每个纪念节日及群众大会中，各级党部都派党员代表公开演讲，宣传党的政治主张、群众斗争路线等，使群众逐步明白共产党是什么组织，纠正以前以为加入农会便是加入了共产党的错误认识，从而提高了党的威信，使党组织的发展加快起来。

丰顺县成立苏维埃政府后，中共中央机关报《红旗日报》于1930 年 9 月 13 日至 15 日，连续 3 天以通讯形式刊登《丰顺苏维埃政权下的实际状况》："丰顺县已经有四十多个乡苏维埃，五个区苏维埃的政权，而且苏维埃也于本年五月成立了。不过苏维埃的政权，虽已由群众斗争中，普遍建立（占全县幅员的半数），但城市的政权，还操在反动派手里……故农民分得土地后，足食者已十之七八。"

此时，丰顺成为完整的苏区县，各项建设进入鼎盛时期。苏区与粤东北、赣南寻乌县等地赤色区域连成一片，并与赣南、闽西各县边界相通。当年红四军主要领导人陈毅向中共中央报告中称："……丰顺……各县群众大部分归我们领导……"丰顺苏区成为红四军控制的"闽粤赣三省边境红色割据"区域之一。在此前后，李坚真、李井泉等一批优秀干部从丰顺县苏区进入中央革命根据地。

七、土地革命运动的开展

土地革命是中共中央早在 1927 年八七会议上确定的总方针之一。1928 年 6 月，党的六大又制定了反对帝国主义、封建主义，实行土地革命，建立工农民主专政的革命纲领。1929 年 6 月，在党的六届二中全会上，提出继续深入土地革命，开展游击战争，扩大苏维埃区域等项任务。同年 10 月 19 日，东江特委为了实现中共六大通过的土地政纲，扩大党在乡村中的政治影响和促进总的革命高潮的到来，作出了"关于没收分配土地问题的决议"，并向各级党部发出通告，要求各级党部贯彻执行。当红四军到东江时，又以东江革命委员会主席团的名义，发布了东江革命委员会《关于公布执行土地政纲的布告》，明确指出"欲打倒帝国主义，消灭封建势力，统一中国，实现土地革命，是中国革命当前最大的任务"，声明执行中国共产党的土地政纲，按布告执行。丰顺县工农兵革命委员会成立后，曾于 1929 年 3 月 8 日，在龙岗上林车陂田坝召开万人动员大会，号召开展土地革命，但当时主要还是进行抗租、抗债斗争。后来，由于秋收斗争受到反动派的镇压，斗争出现了反复，除了八乡山区在秋收后发动群众，开展没收分配土地外，多数区乡在 1929 年冬和 1930 年春后才陆续开展没收分配土地。1930 年 5 月，丰顺县苏维埃正式成立后，在苏维埃政府领导下，全县苏区全面开展了土地革命运动，分得土地的达 4 万多人，具体做法是：

各乡苏维埃筹备委员会指定三人或五人为土地委员，组织土地委员会，对全乡各户人口、职业、耕地亩数、座落地名、土地所有权进行详细调查，并拟具分配计划。调查统计后，召集乡民或乡民代表大会，报告调查经过，宣布无代价没收全乡地主阶级的土地（包括庙堂寺产），规定绝对禁止任何人把土地买卖与抵押。同时宣布了分配制度，分配以乡为范围，以人口为单位（男女老幼均平分），以抽多补少为原则（即某个农民家里，如有耕地超过其分得土地数额时，把其超出之部分抽出，不足者则补之）。这种分配制度执行起来简单，农民也很满意。在全乡土地分配之后，尚备有一部分公田，县苏维埃政府决定以公田为团结雇农及收容无家难民之用，由政府提供耕牛耕具以最低利息出租，集中雇农及难民若干，分给若干公田，共同耕作。另外，对地主及公共的山岭林木也同样没收，但不分配。农民私人种植的山岭则仍旧归私人所有，只有砍伐出卖时，课之以税。农民分得土地后，"他们除了每季照例缴纳 5% 收获税（又名土地税）以外，所割的谷子，粒粒都是自己的。一切豪绅地主的田契借约，也已由苏维埃政府公布取消。故农民分得土地后，足食者已有十之七八"。八乡山农民分得土地后，高兴地唱道："共产党来好主张，土地回家唱一场，田地割到多多谷，唔使担到地主仓，有食有着有春光，幸福莫忘共产党。"这首歌反映了丰顺农民共同的欢乐心情。分田后，丰顺的部分地区都收割了二至三造，翻身农民为了保卫胜利果实，更加拥护共产党，热爱红军，支援红军，很多男女青年强烈要求参军参战。

八、全东江第一次工农兵代表大会在八乡山召开

早在1928年春，海陆丰苏维埃兴盛时期，中共广东省委就决定成立全东江的苏维埃政府，指示东江特委从各方面进行筹备。后因海陆丰苏维埃受挫，未能按计划成立。1929年冬，在东江革命开始进入高潮的形势下，成立东江地区苏维埃政权的条件已趋成熟，东江特委遵照省委指示，掌握有利时机，于12月中旬向所属各县市委发出通告，毅然决定召开东江工农兵代表大会，要求按分配名额如期选出代表，准备提案，出席大会。东江特委决定在1930年5月1日召开大会。

1930年夏，在东江工农兵代表大会召开前后，丰顺各地群众运动风起云涌，助推东江革命高潮的到来。这年9月10日《全国苏维埃区域第一次代表大会粤东东江（包括潮梅十五属）苏维埃代表的报告》列举了丰顺群众举行声势浩大的示威，就可见一斑。报告说："'五三十'纪念，丰顺一、四、五3区群众7000余人，在集合开会后暴动黄金市……""'六二三'反帝大示威，丰

顺第二区的群众 2000 余人……以暴动方式，占据留隍，作了一次广大的反帝宣传"。还有规模最大的"四一五"丰顺大暴动，报告称："今年的'四一五'丰顺全县有 3 万余人举行示威……一、四、五 3 区 1.8 万余名群众集合在距离县城 15 里示威，口号是'血的纪念日，反对国民党，实行武装大暴动'……这是东江自海陆丰政权失败后，唯一的伟大群众大会。"群众运动震撼了敌人，五区联防总处警卫队，潭江小胜、留隍、黄金市、大胜乡、官溪乡警卫队纷纷起义。赤色区域日见扩大。

就在丰顺北部地区群众举行声势浩大的示威活动，反动派死守城隅而无暇他顾的时候，在西南部八乡山里秘密地筹备并举行着东江历史上空前的盛会。为了保证各县、市代表来往的安全，以八乡山为中心，建立了三条红色交通线：八乡山—汤西镇河西宝霖寺—汤西镇西岩寺—汤坑镇太平寺—汤坑镇东二市 69 号益民诊所—揭阳—桑浦山及汕头；八乡山—汤西镇河西宝霖寺—汤西镇西岩寺—汤坑镇太平寺—汤坑镇东二市 69 号益民诊所—揭阳、普宁至大南山；八乡山—汤西镇河西宝霖寺—桐梓洋—韩山、九龙嶂、铜鼓嶂。同时，东江特委于 1930 年 4 月底迁至八乡山滩下深垄永丰楼，与东江苏维埃、军委驻在一起积极筹备召开全东江第一次工农兵代表大会。1930 年 5 月 1 日，东江第一次工农兵代表大会在八乡山滩下庄屋坪隆重地如期召开了。出席大会的有来自汕头、潮阳、普宁、惠来、揭阳、潮安、澄海、饶平、南澳、梅县、大埔、丰顺、五华、兴宁、龙川、海丰、陆丰、惠阳、紫金 19 个县市和各红军团的正式代表 184 人。广州、琼崖、粤北等地区 6 个县（市）应邀派来代表，共 320 多人参加了大会。大会开幕那天，八乡山的革命群众兴高采烈，打锣鼓、放鞭炮，排着长队前去祝贺。庄屋坪的大坪上用茅草搭起大棚寮，会场布置得朴素庄严，主席台上挂着马克思、列宁的画像，两旁有红旗和彩旗。会场前面竖着用 3 条杉木接起来的旗杆，一面画有斧头镰刀的红旗迎风招展。会场大门口悬挂着"庆祝东江第一次工农兵代表大会胜利召开"的红布横额，大门两边贴着一副醒目的对联："斧头劈开新世界，镰刀割断旧乾坤。"在会场主席台两边也挂着一副对联："且看实际工夫，切莫空头谈革命；打倒特殊阶级，全凭鲜血换自由。"大会由中共东江特委常委兼军委书记古大存主持，特委农委负责人陈魁亚作政治报告。中共广东省委派林道文参加大会，并传达了省委和中央军委关于建立东江苏维埃政府和成立中国工农红军第十一军的决定。大会历时 10 天，着重讨论和决定了关于组织东江地方暴动问题，讨论和通过了革命政纲和各种法令，选举了东江苏维埃政府执行委员会。大会以民主选举的方法，选出东江苏维埃政府委员会委员 45 人，候补委员 15 人。丰顺代表黎果、黎凤翔 2 人当选为执行委员，杨立中、刘中天 2 人当选为候补委员。大会同时选举了 15 名常务委员，以陈魁亚为委员长，古大存、陈耀潮为副委员长，黎果当选为常务委员。大会正式宣布了红十一军的成立。军长古大存，政治委员颜汉章，参谋长严凤仪，政治部主任罗欣然。红十一军下辖东江地区原有红军四十六、四十七、四十八、四十九、五十二团和一个教导队。军部、政治部设在滩下，军部还设有一个军校，由四十六团代管。还有一个独立营约 200 人,全军官兵约 3000 人。

东江第一次工农兵代表大会在丰顺八乡山的胜利召开和东江苏维埃政府、红十一军的成立,是全东江人民在中共东江特委的领导下,用革命武装反抗国民党反动武装,经过艰苦奋斗、流血牺牲取得的革命成果,它的成立标志着统一的东江革命根据地的正式形成,八乡山成为东江地区革命的中心和最大的赤色区域。

红十一军是广东省区域内唯一一支列入中央红军序列的军级建制部队。成立时共 3000 多人,进行了艰苦卓绝的武装斗争,在各地与敌人的正规军、警卫队和地主民团周旋,在敌众我寡和武器装备缺乏和低劣的情况下,英勇无畏,浴血奋战,进行了上百次的战斗,沉重地打击了敌人,为保卫东江乃至广东人民的革命成果作出了不可磨灭的贡献。同时在烽火岁月中不断加强自身建设,为人民军队的建设创造了丰富的经验,巩固和发展了东江革命根据地,有力地牵制了敌人对中央苏区"围剿"的兵力。

古大存后来在回顾东江革命由复兴而发展到高潮这段斗争历程时,曾这样概括:1928 年打下了基础,故 1929 年出现了大发展,至 1930 年春达到了高潮。斗争历史表明,丰顺人民在 1928 年东江革命打基础中,做好准备工作,为东江特委领导机关提供了新的比较理想的指挥基地;在 1929 年东江革命大发展中,爆发了丰顺暴动,成为东江群众斗争一声有力的号炮,提高了东江群众的斗争勇气;在 1930 年春东江革命高潮中,推波助澜,为八乡山根据地谱写东江革命史上的光辉篇章作出了重要的贡献。

第四节　革命根据地的斗争陷入低潮

一、“左”倾冒险错误的实施及其危害

1930 年春夏间，正当东江革命复兴，丰顺周围的揭丰华革命根据地（以八乡山为中心）、梅埔丰革命根据地（以铜鼓嶂为中心）和潮揭丰游击区（以释迦嶂为中心）形势喜人的时候，李立三“左”倾冒险错误已贯彻到广东。广东省委在 3 月上旬召开了第二次党代表大会，认为目前处于群众斗争日益扩展，走向直接革命的时期，要坚决争取一省或数省首先胜利，决定了组织地方暴动的总路线，令东江特委要红十一军进攻惠州，夺取广州。为了贯彻中共广东省委二大的总路线，组织地方暴动，东江特委于 3 月 22 日至 4 月 2 日，在八乡山召开了有各县主要负责同志参加的扩大会议，进行东江地方暴动的总动员，围绕党要夺取数省以至全国革命胜利的总任务进行布置。会议确定把东江划分为西南、西北两条主要干线，实现地方暴动向惠州发展，向广州推进。在这个总任务之下，要求丰顺革命力量除与梅县衔接加入西北干线，经兴宁、龙川、河源至惠州，向石龙、广州发展之外，要与五华

联系，向潮安、揭阳发展，加强西南干线力量。会议围绕部署地方暴动，还讨论了政治、组织、兵运等 12 个问题。最后通过了训令，规定了 18 条暴动纪律。东江特委扩大会议后，紧接着召开的东江第一次工农兵代表大会又着重讨论了组织地方暴动问题，并做了决议。丰顺党组织立即召集会议，接受上级指示，坚决贯彻组织地方暴动的总方针，一切工作的进行都向着暴动方向布置。

1930 年 6 月中旬，中共广东省委和中央军委南方办事处命令红十一军和闽西的红十二军都要"以广州为唯一目标"，集中攻坚，向惠州、广州发展，并要东江红军在 3 个月内发展到 5 万人，以完成地方暴动的任务。为此，在组织上采取措施，成立了以颜汉章为主席的东江行动委员会（简称东江行委），将党、团、工合并在东江行委的指挥下统一行动。省委还派专员来东江，监督贯彻"左"倾冒险错误计划。

1930 年夏秋间，中共东江特委在李立三"左"倾冒险的错误指导下，放弃北靠赣南、闽西发展的战略计划，特委领导机关南迁潮阳大南山。位于粤东北的丰顺苏区，远离东江革命根据地的指挥中心，加上国民党军重兵"围剿"与分割，与闽西的联系逐渐密切。

李立三"左"倾冒险错误统治的时间虽然并不长，但在东江地区造成了严重危害。

首先，是在革命形势上造成不利的局面。1930 年春，东江革命形势本来正向着有利的方向发展，由于受李立三"左"倾冒险错误影响，以夺取中心城市为目标，改变了以农村为基地、不断扩大农村苏区的正确方向，阻碍了革命形势的发展。加上东江特委为了便于指挥红军夺取汕头、潮州、惠州，而把机关从八乡山迁往大南山，给了敌人可乘之机。不久，敌人便集中兵力向八乡山和梅埔丰根据地进攻，导致根据地丧失。

其次，是在军事上造成严重的挫折。七八月间，红十一军军长古大存被强令率四十六团等主力红军，三次从丰顺崀下出发，远道前去攻打强敌驻守的潮安，都被敌人挡了回来，付出无谓的代价。古大存1943年在延安学习时说："立三路线使东江红军碰了壁！"同时，"左"倾冒险错误使各地的赤卫队在盲目进攻反动据点中遭受损失。军事上进攻中心城市（镇）屡遭失败，八乡山苏区和潮揭丰边等赤色区域又受到敌人重兵的"围剿"，东江苏维埃政府和红十一军军委也随东江特委相继转移到大南山去了。原中共丰顺县委委员、红军四十六团副团长邓子龙奉命留在九龙嶂地区坚持斗争，却被叛徒出卖被捕，遭到杀害。在这前后遭敌人逮捕和杀害的还有县农会负责人彭在璇和原革委常委陈仕珍等。

再次，在党的建设上造成了混乱。为了执行"左"倾冒险错误的行动计划，组织上把共产党、青年团和工会的各级领导机关合并为各级行动委员会，停止了党、团、工会的正常活动。这样不仅削弱了党的领导核心作用，而且妨碍了工会和青年团的独立工作。同时，东江行委这种组织形式过分地集中权力，使一些领导干部滋长家长制的领导作风和官僚主义作风，既给党的建设造成危害，又给后来"肃反"扩大化种下了祸根。

二、闽粤赣边特委、西北分委的成立和 "左"倾教条主义错误的危害

1930年9月，中共六届三中全会纠正党内"左"倾冒险的错误路线。同时，决定在毛泽东、朱德、陈毅等开创的革命根据地内设立中共苏区中央局与中央军事委员会。1930年10月24日，《中央政治局关于苏维埃区域目前工作计划》中指出，"闽粤赣这一苏区，无论如何总要保持它与赣西南可以打成一片的联系，并且要迅速的完成这一打成一片的任务。"明确决定将闽赣边各县苏区合在一起，划为闽粤赣特区。1930年10月底11月初，中共南方局李富春和邓发到大南山召开闽粤赣苏区第一次代表大会，传达贯彻了党的六届三中全会精神，纠正李立三"左"倾冒险错误，决定取消东江行动委员会，成立闽粤赣苏区特委（亦称中共闽粤赣边特委），邓发任书记。与此同时，决定东江地区设立中共闽粤赣苏区特委西南、西北两个分委，丰顺属西北分委领导。

1930年12月，党中央派邓发到闽西，在永定虎岗主持召开了闽粤赣边党的第一次代表大会，正式成立中共闽粤赣边区特别委员会、闽粤赣边区军事委员会，由邓发任特委书记、军委书记。闽粤赣边特委取代了中共闽西特委对闽西苏区的领导。

从1930年秋开始，东江地区各县苏维埃区域变得越来越小。为了适应新的斗争形势，便于领导，丰顺和梅县的县委机关都转移到丰梅两县交界的九龙嶂、铜鼓嶂山中，并于1931年1月在丰顺九龙柑子窝合并为中共丰梅县委（又称梅丰县委），仍隶属闽粤

赣边特委的西北分委领导，县委机关在九龙嶂、铜鼓嶂一带流动。丰梅县委书记黎果（原名黎曾国，丰顺大椹人），常委有叶明章、古远、陈耀、黄耀环、朱翠英、饶集庭，委员有黎通、戴礼等。同时，成立丰梅县青年团委员会，书记李豪（丰顺大龙华人）；成立丰梅武装大队，大队长黎通（丰顺大椹人）。

1931年1月15日，中共苏区中央局发出的第一号通告又指出："闽粤赣特区，包括闽西、广东东北、赣东南一部分。"丰顺苏区位于粤东北，为闽粤赣苏区的组成部分，当属中央苏区范围内。同年4月4日，中共中央再次明确"闽粤赣是整个中央区的一部分"。粤东北西北分委领导下的丰顺苏区属于闽粤赣根据地的范围，也就是属于中央革命根据地（中央苏区）中的后方根据地范围。

1931年2月，国民党第八路军总指挥陈济棠增调第二独立旅旅长张瑞贵率部驻东江和潮汕，大规模地向八乡山根据地发动"围剿"。红四十六团和赤卫队投入艰苦的反"围剿"斗争。

就在革命转入困难的时候，1931年初，中共中央召开了六届四中全会。这次全会以批判三中全会的所谓对于"立三路线"的"调和主义"为宗旨，强调反对"党内目前主要危险"的右倾，决定"改造充实各级领导机关"。以王明为代表的"左"倾教条主义错误在党中央领导机关内开始了长达4年的统治。

5月13日，中共广东省委派军委徐德巡视东江，指导东江地区执行省委关于四中全会和国际路线的决议。同月18日，东江特委召开扩大会议，决定以人口和劳动力为标准急分土地，自下而上地改造苏维埃；同时，决定取消西南、西北两分委，恢复东江特委，重归广东省委领导，以徐国声为特委书记。

三、革命根据地的丧失

东江地区的革命斗争，从 1928 年下半年开始复兴，1929 年取得大发展，到 1930 年春逐渐形成高潮。1931 年 1 月，中共苏区中央局成立后，中央苏区逐渐进入鼎盛时期。以东江第一次工农兵代表大会在八乡山召开，成立东江苏维埃政府为标志，东江革命根据地正式形成，进入全盛时期。粤东北地区与闽粤赣苏区特委机关所在地的永定虎岗山水相连，西北分委在闽粤赣苏区特委领导下，进一步完善以黎果为书记的中共丰梅县委，丰顺苏区的各项建设不断完善。当时丰顺境内，在西北部有以铜鼓嶂为中心的梅埔丰，在西南部有以八乡山为中心的揭丰华两块革命根据地，在东南部有以释迦崬为中心的潮揭丰游击区。丰顺县苏维埃政府成立时下辖 5 个区苏维埃政权，40 多个乡苏维埃政权，占全县幅员的半数。在县苏维埃政府领导下，各乡组织土地委员会，进行土地分配，全县有 4 万多农民分配了土地，并使百分之七八十的农民自耕足食。工运方面，四区（黄金）和五区（潭江）组织了船民工会，为维护船工利益而斗争。可是，1930 年、1931 年先后受到李立三"左"倾冒险主义、王明"左"倾教条主义，特别是错误"肃反"的严重影响，自伤了元气，致革命的力量大为削弱，给敌人可乘之机。

早在 1930 年秋，敌军已经开始重兵"围剿"革命根据地，到 1931 年春，敌军的进攻就更加频繁了。如在八乡山区，1931 年 4 月，五华反动头子张九华带领 400 多名武装进攻八乡山，古大存率领红军和赤卫队两三百人，在贵人村的山头上筑起品字形的连环大寨（炮楼），与敌人进行了激烈的战斗。敌方久攻不克，只得撤回。6 月，敌张瑞贵部纠集八乡山周围各县警卫队、民团再次大举进攻八乡山。这次古大存挑选红军骨干和赤卫队 20 多人，在陈耀、万大来率领下，仍以贵人村 3 座连环大寨进行坚守，历时 2 天 3 夜，击退敌人大小 30 多次冲锋，打死打伤敌人 160 多名，胜利完成阻击敌人、掩护红军和革命群众安全转移的任务。古大存率领红四十六团撤离八乡山，转移到紫金的炮子、洋头，与古宜权率领的教导团汇合。在转移途中，十一军军需处长古公鲁、宣传员张剑珍，古大存的爱人徐妙娇等人在棉洋等地被捕，后押送华城遭杀害。万大来等受伤后隐蔽在群众家中，由于叛徒曾谷球（原八乡苏维埃主席）的出卖而英勇牺牲。

1931 年，敌独立第四师师长邓龙光率部驻丰顺县城，对九龙嶂的柑子窝、叶田、黄竹薮等处实行残酷的"围剿"。于是，随着兴梅各地苏区的缩小，丰顺的县、区、乡苏维埃政府也逐步垮台，丰梅革命根据地至年底便全部丧失了。中共丰梅县委只好决定分散活动，这年冬，县委书记黎果带一支小队伍留在丰梅边，副书记叶明章带一支小队伍到大埔三河坝一带活动。

1932年3月，原中共丰顺县委书记黎凤翔奉命前往中央苏区，途经韶关火车站时，被曲江县警兵抓获，因叛徒黎壁指证入狱，受尽严刑拷打，坚贞不屈，英勇就义。红十一军政治部主任罗欣然率领红军部队在八乡山坚持斗争，在转往大南山半途中也遭敌人捕获，被杀害于丰顺埔南与揭阳交界处。

四、在革命低潮时期的斗争

1931年，八乡山和梅埔丰等处根据地丢失后，斗争陷入低潮。但各地坚持革命的同志面对严酷的形势，进行着艰苦卓绝的斗争。隶属于闽粤赣苏区省委的西北分委没有解散，仍坚持领导含丰顺苏区内的粤东北地区的斗争到1931年12月后。

1932年3月，闽西苏区已与江西苏区打通，位于闽西苏区与江西苏区中间的丰梅苏区，已成为中央苏区的连片区域。随着西北分委的撤销，闽粤赣省改称福建省。丰梅苏区与福建省（闽西）苏区连成一片，同属中央苏区，丰梅县委属于福建省（闽西）苏区党组织领导。

据统计，1932年2月，丰顺仍有共产党员90人。到了5月份，只有党员30人左右。丰梅游击队有20多人，经常开展游击活动，袭击敌人，缴获枪支四五十支，但与上级领导机关失去联系。6月，原丰顺县委委员、后参加埔丰县委工作的邹玉山，在马图丹竹坑与进入苏区"搜剿"的敌人作战时牺牲。7月，东江特委开会，制订今后三个月的组织工作计划，对丰梅提出快速发展党员、农会会员、反帝同盟、工农武装等脱离实际的要求。可是，实际情况越来越困难了，革命陷入低潮时期。

1932年11月12日，东江特委为了应付新的形势，健全各级领导与改善各级领导机关工作，决定把丰梅县委改为特派员制，特派员是邓志发。机关在丰华兴交界的桐梓洋（机关驻在薛屋）、九龙嶂柑子窝一带流动。这时剩下的党员只有十多人了。这年冬，驻汤坑的国民党覃香营第六连连长陈亚平率队进八乡山小溪"清剿"，八乡军民利用有利地形，布置"石头阵"，仍给敌人有力的打击。

1933年2月12日，坚持在八乡山区斗争的区委书记卢济堂，在带领赤卫队员袭击大竹园联防后，连夜攻打贵人村"剿共部"，摧毁大竹、贵人与腊竹湖"剿共总部"联络的通讯设备，散发传单，张贴标语。后因叛徒告密被捕，遭到杀害。古大存听到这消息后，称赞卢济堂是"八乡山上一苍松"。这年3月，邓志发来到丰梅山区找古大存及黎姓、吴姓的两名同志，商讨西北（丰梅）的工作。这时他才来接任东江特委在4个月前给他分配的丰顺特派员职务。5月，敌连长陈亚平带其上司覃香营来到汤坑，配合驻县城的骆凤翔团，对革命根据地全面"清剿"。古大存带领西北游击队与敌人周旋，后向径心转移。敌人找不到游击队，便在马图、九龙、八乡山等处杀人放火。11月，敌张瑞贵、邓龙光部撤离丰顺，只留下黄连长带领一连兵驻汤坑，演戏庆祝"剿匪"的

"胜利"。东江红军第二路总指挥卢笃茂即带领游击队夜袭汤坑区公所，区长祁兰荪和1名警长以及1个守门兵当场被击毙。过后，丰顺县长林彬加调一连兵来汤坑，将游击队袭击区公所时的临时指挥点、原县农军训练所驻地太平寺放火焚毁。是年冬，东江特委负责人徐国声（曾任东江特委书记和负责省委宣传工作）和林甦2人沿韩江北上，前往江西瑞金参加第二次全国工农兵代表大会，途经留隍时遭敌逮捕，并被解往梅县杀害。

1934年1月，因为丰梅特派员邓志发被叛徒谋害，由胡坚接任丰顺县委书记，县委在桐梓洋薛屋（流动），同时，县共青团机关也驻扎在薛屋。3月，古大存带领西北游击队20多人，从大南山来到桐梓洋，与邓采平率领的丰梅游击队30多人会合后（指挥部驻扎在薛屋），在桐梓洋和汤西河西大坑肚一带，对进山"清剿"的张瑞贵部开展游击战争。由于敌众我寡，不久两支队伍被迫又分开活动。4月，汤坑群众黄汉凌引国民党庞连一连人到河西大坑肚围捕红军，抓去革命群众14人，反动派不分青红皂白，将其中11人押解到汶水桥头杀害。其时，国民党为了"围剿"中央苏区，加紧改筑丰汤公路，丰顺县长林彬到场监督，在县政府担任传达员的共产党地下尖兵彭笠准确地递送了林彬的行踪情报。古大存于5月19日派红军和丰梅游击队的陈华、黎果等12人，在兵营南蛤龙岗地段（《申报》称"蜈蚣岭"）伏击，当场击毙林彬及其护兵2名，然后贴出惩办林彬的布告，署名为"东江红军第一路总指挥古大存"。此举大大震惊了敌人，并迫使敌人分兵应付西北，从而解了大南山之围。国民党急派邓龙光部来汤坑驻扎，对八乡山、南礤、桐梓洋等地实行疯狂报复。东江红军第二路总指挥卢笃茂等10人适在八乡山茅坳嵊活动，遭到敌军围捕。卢笃茂被押往广州，其余9人被押到汤坑大山背杀害。10月，县委书记胡坚与丰梅游击队在上山背白叶坪活动，叛徒邓采平带领敌人趁夜前往围捕。胡坚在突围中牺牲。女战士曾史文（丰顺汤西人）在群众掩护下脱险。其后，丰顺县委书记由郭崇代理。这年秋，东江苏维埃政府执行委员、常委、丰梅县委书记黎果，与古大存转到大南山活动期间，化装出平原地区为红军采购寒衣，被反动派发觉后遭到包围，在突围战斗中牺牲。

1935年春，中共丰顺县委代理书记郭崇失踪。同年夏，中央红军长征后，参加"围剿"中央苏区的广东国民党部队陆续返防广东，加紧对东江革命根据地的"围剿"。东江特委会议根据革命正处于困难时期的实际情况，决定党组织转入秘密活动，并选举李崇三为特委书记。会后，古大存率17名政治保卫队人员携带机枪1挺、驳壳枪和曲尺10支以及手榴弹、子弹一批来到丰梅八乡山、桐梓洋一带山区游击。不久，由于李崇三叛变投敌，在大南山根据地一带活动的十多个游击小组先后遭到破坏，大南山革命根据地亦随之丧失。同年秋，古大存带领的政治保卫队人员与丰梅游击队在桐梓洋活动。敌人仍不断派兵"清剿"，山区群众被迫迁到平原，给游击队造成极端困难。同年冬，为了摆脱困境，古大存带领丰梅游击队张观亮、陈华、曾贵、曾史文等15人及政治保卫队5人（其中共有党员12人），从桐梓洋出发，经北斗、东山、留隍、黄金、潭江等地到达大埔，设法与闽西红军联系。后来这支队伍转到大埔县南部的老苏区，在陶瓷厂和农民中秘密开展群众工作，组织陶业工会和贫农团，建立党支部，发展武装，坚持地下斗争。直至抗日战争全面爆发后的 1938 年 4 月，古大存先到香港找到了上级党组织，后来又于 1939 年作为参加中共七大的代表离开广东，赴延安。古大存率领丰梅游击队离开丰顺后，丰顺土地革命活动遂陷于沉寂。

土地革命战争时期，丰顺苏区人民为革命事业和苏区的创建、发展作出了重大贡献和付出了巨大牺牲。在丰顺苏区鼎盛时期，全县大部分面积是苏区。在很长的时间内，有县、区、乡、村统一的党组织，统一的苏维埃政权，统一的武装，进行了推翻封建政权的武装斗争和轰轰烈烈的打土豪分田地土地革命，成为粤东北地区的苏区县。据统计，丰顺苏区人民一共牺牲 1342 人（其中：军人 207 人，赤卫队员 423 人，党组织、苏维埃政权和农会干部 169 人，群众 543 人），逃亡 1147 人；被敌人烧毁房屋 5481 间，被抢或被杀的耕牛 2555 头、生猪 675 头（其他财产的损失难以估计）。中华人民共和国成立初，丰顺县 7 个区都是革命老区，老革命根据地的面积占全县面积的 80%；革命老区占全县人口的67.5%。

第三章
全民族抗日战争时期

第一节　丰顺抗日救亡运动的开展与
党组织的重建和发展

一、全民族抗日战争爆发后的形势和
丰顺县抗日救亡运动的开展

1937 年 7 月 7 日，日本侵略军向中国北平郊区卢沟桥发动进攻，以制造卢沟桥事变为起点，全面发动了妄图灭亡中国的侵略战争。次日，中共中央发布《中国共产党为日军进攻卢沟桥通电》，号召全国军民团结起来，筑成民族统一战线的坚固长城，抵抗日寇的侵略，揭开了全民族抗日战争的序幕。7 月中旬，中共代表提议以《中共中央为公布国共合作宣言》为两党合作的政治基础。9 月 22 日，国民党发表《中共中央为公布国共合作宣言》。至此，抗日民族统一战线正式形成，中国革命进入了全民族抗日战争的新时期。

潮梅地区在中共韩江工作委员会领导下，一方面恢复和建立各县党组织，另一方面组织岭东青抗会，迅速开展了轰轰烈烈的抗日救亡运动。丰顺县在这大好形势的影响下，重建了党组织，成立青救会，在党的领导下，兴起抗日救亡运动。

（一）汤坑青年救亡同志会的成立

1937年6月，中共南方临时委员会批准成立中共韩江工作委员会，书记李碧山，机关设在汕头市。8月13日，在汕头市参加汕头青年救亡同志会的冯剑南和徐思舜，受该会和中共韩江工作委员会指派，回丰顺县建立汤坑青年抗敌同志会和重建党组织。

9月6日，在钟秀学校（即蓝田书院）召开第一次会议，会议由冯剑南主持，会上宣布成立"汤坑青年救亡同志会"，简称青救会（后改为汤坑青年抗敌同志会，简称青抗会），总理事徐思舜。会议一致通过青救会成立大会宣言和组织章程，会址设在汤坑民众图书馆。青救会是中国共产党秘密领导下、公开合法的抗日救亡团体，直接属汕头青年救亡同志会领导（后属岭东青年抗敌同志会）。

青抗会（原青救会）成立后，会员们通过学习马列主义以及阅读《新华日报》《大公报》《文汇报》和《新生》《永生》《读书生活》等进步书刊，大大提高了阶级觉悟和革命热情。

1937年冬，青抗会会员冯碧然成为丰顺第一个到延安去学习的会员。1938年夏，青抗会会员（共产党员）高丽生、徐道华（徐达）也到了延安。会员们都渴望到延安去深造。为让会员们更深入学习马列主义，中共潮汕中心县委在南侨中学主办了仿效陕北公学、抗大等抗日学校形式的学习班，青抗会成员分批分期参加了学习班。文化程度较高的冯剑南则抽调到南侨二校任训育主任。

通过学习，会员们提高了政治、军事、文化素质，更好地投入抗日救亡运动。

（二）汤坑妇女抗敌同志会的成立

卢沟桥事变后，国民党丰顺县政府成立丰顺县御侮救亡会（后改为丰顺县抗敌后援会）。1938年2月，国民党又在汤坑育婴堂成立汤坑妇女抗敌后援会。但因其成员都是国民党上层的女知识分子和官员夫人，未起到广泛团结妇女参加抗日救亡的作用。

为发动各界妇女起来投入抗日救亡运动，中共汤坑支部组织中共党员、青抗会理事丘峰和徐院池等，和丁美娟、胡裁英、黄碧容等妇女骨干，深入学校和家庭串连妇女，积极发动妇女组织起来，投入抗日救亡活动。通过讨论，决定把汤坑妇女抗敌后援会改为汤坑妇女抗敌同志会（简称妇抗会）。会址由育婴堂迁至东二市一间店铺里，推选丁美娟为理事。1939年2月，妇抗会并入汤坑青年抗敌同志会。

妇抗会成立后，运用举办文盲识字班、读书会、夜校，演剧、唱歌、开群众大会、上门谈心等形式，向群众开展抗日救亡宣传活动，发动民众支援军队，促进了军民团结抗日。

二、中共丰顺党组织的重建和发展

（一）中共汤坑支部和留隍支部的建立

1937 年 12 月，冯剑南根据中共韩江工作委员会的指示，在建立汤坑青年抗敌同志会的基础上，重建丰顺党组织。他通过青抗会活动，对每个会员进行考察，从中发现进步青年或教师进行培养，并于 1937 年 12 月首先吸收道育小学教师、青抗会理事冯汉帮和钟秀学校教师、青抗会理事徐思舜参加中国共产党。

1938 年 1 月，经中共韩江工委批准，在汤坑道育小学召开第一次党员会议，由韩江工委指定的中共丰顺党组织负责人冯剑南宣布建立中共汤坑支部。冯汉帮任党支部书记，冯剑南兼管统战工作，徐思舜负责青抗会工作。汤坑支部隶属中共韩江工作委员会，2 月归中共潮汕中心县委领导，10 月由中共揭阳县工委（县委）兼管。支部办事机构常驻汤坑民众图书馆。

党支部建立后，适逢全县抗日救亡运动在城乡进一步兴起。当时全县党员数量极少，不能适应形势发展的需要。中共汤坑支部在中共潮汕中心县委的领导下，开展"红五月"的建党工作，在青抗会中大量吸收一批先进分子入党，全县党员有 30 多人。

1938 年以后，丰顺党组织经历了从恢复到大量发展的阶段，党在群众中的影响与威信日益扩大和提高，大批革命的知识分子纷纷要求加入中国共产党。至 1939 年 6 月，发展党员达 120 多人。中共汤坑支部也于 1939 年 1 月改为中共汤坑中心支部，书记丘峰，下辖汤坑镇、学校、河西、河东、河南、妇女等党小组。

与此同时，1939年1月，在丰顺留隍区的东留仙峰，建立中共丰顺留隍支部，书记丘逸群，支部常设在仙峰，隶属中共潮汕中心县委领导。

（二）中共丰顺中心区委、饶丰区委的建立

1939年6月21日，日军侵略潮汕，汕头沦陷。6月25日，日军又分三路向潮汕内地进攻，27日潮安沦陷。根据中共闽西南潮梅特委指示，决定在潮汕非沦陷区成立潮（阳）普（宁）惠（来）揭（阳）中心县委，直接领导普宁、潮阳、惠来全境和揭阳、丰顺部分地区的党组织。潮普惠揭中心县委由陈初明任书记。7月下旬，为加强对汕青游击队的领导和加强前线及沦陷地区的工作，决定撤销潮安县委，在沦陷区和非沦陷区一带，即汕（头）揭（阳）和潮（安）揭（阳）边界建立中共潮（安）揭（阳）丰（顺）边县委员会，林美南任书记（兼）。1939年10月以前属潮汕中心县委领导，10月以后划归中共潮普惠揭中心县委领导。

在潮揭丰边县委建立的同时，7月在汤坑忠实学校新组建了中共丰顺中心区委（亦称汤坑区委），由中共潮汕中心县委派李追明任书记，9月李追明调职，由丘峰接任书记。1940年夏，丘峰负责中共闽西南潮梅特委在留隍设的地下秘密联络站工作，书记由古关贤接任。1939年下半年至1940年底，丰顺中心区委的党员活动地区主要在汤坑区，下辖31个支部（含小组或单线联系）。

1940年6月，开辟凤凰隐蔽点的工作有发展，同时为了适应

闽西南潮梅特委机关在附近设点的需要，将原来的中共饶凤浮中心支部与中共留隍支部合并成立中共饶丰区委员会，书记丘达生（后余昌辉），下辖3个支部（含小组或单线联系），隶属中共潮澄饶中心县委。

（三）整党审干工作的开展

为进一步加强党的建设，中共丰顺中心区委建立后，一方面继续发展党组织，另一方面进行整党审干。建立区委前，丰顺党组织着重发展教师和知识分子青年入党，建立区委后，开始深入农村培养一批农民入党。先后在铜盘、伯公下、下村、大田、田心、彭城、小溪等地吸收一批农民的优秀分子入党，并在农村建立党支部。党的组织有很大的发展，建立了30多个党支部和小组，有党员120人。

在发展党组织的过程中，个别地方为追求发展党员的数量，导致在吸收的党员对象考察时间和教育方面降低了标准，使党组织的无产阶级先锋作用和党组织的巩固程度受到损害。同时，国民党右派发动第一次反共高潮，大肆屠杀大批共产党员和革命群众。为巩固党组织，预防突然事变，有利于隐蔽精干，中共潮普惠揭中心县委于1939年12月下旬，在揭阳水流埔瑞来小学召开扩大会议，传达闽西南潮梅特委根据中央的指示所作的决定，全面进行整党审干。同时，对党员进行阶级教育、气节教育、保密教育，斗争形式从公开斗争转入隐蔽斗争。

根据中心县委的部署，1940年春开始，进行整党审干工作。

通过举办 3 期训练班，认真开展思想政治教育，并对全体党员作了一次全面的分析研究，结合实际进行教育和整顿。整党后，党员人数由 120 多名减到 70 多名。党员数量虽然减少了，但党员的素质和战斗力却大为提高，党的组织更加严密、纯洁、巩固了。

三、中共丰顺县工作委员会的成立

（一）中共丰顺县工作委员会的成立

1940 年 11 月，中共中央南方局根据中央指示，决定成立中共南方工作委员会（简称南委）。11 月，撤销中共闽西南潮梅特委。12 月，潮梅党代大会在揭阳水流埔召开，成立中共潮梅特委（初称潮梅临委），书记姚铎。

为适应隐蔽斗争的形势，潮梅特委成立后，决定撤销潮澄饶、潮揭丰、潮普惠揭、梅县 4 个中心县委，同时由特委直接领导下属 9 个县的党组织，丰顺县工委是其中一个。为建立新的隐藏据点，发展党员，积蓄力量，潮梅特委决定开辟新区，提出在埔梅下潮汕的要道（即从韩江边丰顺县留隍到八乡山，阳圃到汤坑之间），开辟新据点，并确立八乡山为秘密的武装据点。因此，决定成立中共丰顺县工委。

1941 年 1 月 1 日，中共潮梅特委在汤坑西门外柯芳松家召开丰顺部分党员干部会，正式宣布建立中共丰顺县工作委员会，任命古关贤为书记。县工委属中共潮梅特委领导，下辖3个区委：汤坑区委、华丰边区委、留隍区委。

1941年7月，中共潮梅特委调中共梅县县委组织部部长熊钦海来丰顺任县工委书记，实行特派员制。县工委实行特派员制后，丰顺党的工作，在思想上加强党员的形势教育，提高抗日群众运动的政治觉悟；在组织工作上按照新的特派员制的秘密工作原则，保卫党组织的安全；在群众工作方式方法上，密切团结周围群众，巩固已经建立的群众基础，积极开展抗日统一战线工作。

（二）闽西南潮梅特委和各级党委加强对丰顺的领导

1939年6月，汕头市和潮安城、澄海城相继沦陷。丰顺地处潮梅中间，有莲花山脉（本地人叫猴子岽）与潮梅分隔，既是潮汕前线的后方，又是兴梅后方的前线，战略地位十分重要。

因此，闽西南潮梅特委和各级党委非常重视丰顺地区党组织的建设，及时加强对丰顺的领导：一是各级党委负责人（李碧山、古关贤、林美南、徐杨、曾应之、姚铎等）亲临丰顺指导工作。二是派了一批年富力强的党员干部（李追明、古关贤、丘达生、曾木泉、王文波等），充实和加强党的领导力量。三是建立南方工委和闽西南潮梅特委直接领导的秘密联络站和地下交通站（益民西医诊所、忠实学校、柯芳松家、绍清第、健生药房等）。四是在丰顺的八乡山建立秘密游击支点，成立汤坑武装工作队，在党的领导下，有武装工作队、抗敌先锋队100多人，民众自卫队200多人的人民武装队伍。

第二节　丰顺县统一战线的建立和群众性抗日救亡运动高潮的形成

一、丰顺县抗日民族统一战线的建立

早在全面抗战爆发前，中共中央就提出建立全民族的抗日统一战线的政策。七七事变爆发后，以第二次国共合作为基础的抗日民族统一战线宣告正式形成。抗日统一战线的形成具有重大的历史意义。此后，中共南方临委也发出了关于迅速开展抗日民族统一战线工作，一致抗日的指示。中共丰顺地方组织认真贯彻执行党的抗日民族统一战线政策和全面抗战的方针，在各阶层、各党派、各团体中做了大量的工作，救亡运动开展得轰轰烈烈，有声有色，取得了很大的成绩。

（一）争取国民党头面人物和地方实力派的支持

在抗日民族统一战线工作中，丰顺党组织派出冯剑南、丘峰、徐院池等一批有知识和政治水平较高、在社会上有一定的地位和威信的同志，对国民党各级党、政机关的头面人物做工作，促使他们支持抗日救亡团体开展各项工作，扩大抗日救亡运动的声势。

汤坑青年抗敌同志会（简称青抗会）自筹建开始，地下党员就抓住国民党汤坑区分部书记徐影三等作为主要的统战对象。在抗日救亡运动高涨的形势下，徐影三能够接受一些进步的意见和要求，通过大会演说、拉拢知识分子和鼓励人民群众抗日等方式，支持青抗会开展抗日救亡运动，带来了积极的影响。一批徐姓进步青年纷纷参加青抗会和加入共产党，从此，青抗会的抗日救亡活动在汤坑日趋合法化和公开化，声势浩大。青抗会还做好了汤坑商会主席丁季彬的统战工作，使他公开支持青抗会，便于青抗会在镇内钟秀学校设立，而且在钟秀学校、金汤学校和街道建立了中共支部。此外，还派个别党员到打进乡公所任职，掌握农村乡、保基层情况。

1938年寒假期间，青抗会得到国民党丰顺县长罗克典的支持，到全县各地开展抗日救亡宣传活动，这使得青抗会公开合法化的活动由汤坑区发展到全县。同时，也为中共潮汕、梅县中心县委和岭东青抗会负责人李碧山、林美南、曾应之等来往汤坑，建立可靠的落脚点，联系方便。

由于广泛开展统战工作，使抗日救亡运动在各方面有了坚实的基础，党组织不仅取得抗日救亡运动的领导权，而且为应付突发事变做了准备，当"南委事件"发生后，丰顺党组织按照上级的指示停止活动，安全撤退人员，保证党组织没有受到任何损失。

（二）搞好与当地驻军的关系，做好军事抗日的准备

全面抗战初期，先后有国民革命军第四军一五五师、一五七师、国民党广东省保安二团、中国国民革命军独立第九旅等部队驻防丰顺。青抗会重视和做好驻军的统战工作，争取驻军对青抗会的支持，军民合作共同抗日。

在一五五师部队的支持下，顺利建立青年抗敌先锋队。一五五师调防后，一五七师部队驻军汤坑，经过双方协商，同意青抗会派员随军工作，驻军亦派官兵到青抗会帮助军事训练，一致抗击日寇。一五七师调防后，1939年端午节，国民党广东省保安二团接防，主张抗日的爱国军官主动派人来联系，要求青抗会组织随军工作队。在工作队的帮助下，驻军官兵的抗日热情高涨，军风军纪良好。由青抗会会员组成的汤坑青年抗敌先锋队（1938年5月设立）100多人在驻军的军事训练下，学习军事常识和实弹射击，准备开展抗日武装斗争。1939年10月，中国国民革命军独立第九旅接防，通过开展统一战线工作，为抗日后期在八乡山建立游击据点，成立抗日游击队韩江纵队，奠定良好的基础。国民党当局在各县建立地方团队，设立民众抗日自卫团统率委员会，县编自卫团，并设立常备大队，全部配备武装。汤坑200多人的武装自卫队（亦叫守青队）在共产党组织的掌握下，配合青抗会开展抗日救亡运动。

当一五七师、独九旅、挺进大队等在潮汕前线抵御日军的时候，汤坑青年抗敌先锋队和抗日武装工作队便在八乡山、河西、汤坑等地开展打击地方反动分子和除奸活动，维持秩序和巩固后

方。当日军于 1944 年冬两次进犯汤坑时，不敢轻易行动，甚至大路都不敢走，沿途不论白天黑夜都乱开枪放炮壮胆。日军在埔寨、双河、苏姑山、北斗石角坝等地还受到民众自卫队的阻击，以致侵占汤坑后不敢久驻，两三天就撤退。

二、全民抗日救亡运动高潮的形成

（一）开展抗日救亡活动

在中共丰顺党组织的直接领导下，汤坑青年抗敌同志会迅速开展抗日救亡活动。1938 年 5 月，青抗会里设立了青年抗敌先锋队，队长徐思舜，队员有 100 多人，集中军训，准备对日作战。1938 年 8 月，组织一五七师战地服务团到潮安一带活动，起了促进军民团结抗日的作用。同月，汤坑妇女抗敌同志会（简称妇抗会）并入青抗会。同时，发动热心救国的医生和妇抗会队员组织汤坑抗日救护队，负责抢救因日机轰炸汤坑而受伤的群众。1939 年 1 至 2 月，组织汤坑青年妇女抗敌乡村工作队到全县各地开展抗日救亡宣传活动。参加乡村工作队的同志都是教师，而且大部分都是共产党员，共有 38 人。运用演戏、合唱、演讲、读报、出墙报、上门谈心访问等形式，向群众开展抗日救亡活动。30 多天的下乡中，先后到汤坑镇、河西、河东、罗家约、石角坝、八乡、县城、留隍、黄金等地演出，还到毗邻揭阳县的汾水、观音山等地开展宣传活动，教育面比较广，效果显著，为抵抗日本侵略打下思想基础。宫下埔、河西、石角坝、八乡山等地知识青年踊跃报名参加汤坑青年抗敌同志会，并成立青抗会分会。广大群众积极响应青抗会的号召，在汤坑公路挖宽5米、深3米的陷阱，防止日军车辆向汤坑和内地进犯。组织汤坑抗日除奸组，查敌除奸。

1939年7月，青抗会在以汤坑青抗会组织的基础上，相继成立三友乡、罗家约、石角坝、八乡等分会，留隍区也成立了留隍青年抗敌同志会，全县有会员1200多人。青抗会运用分设的青年抗敌同志读书会、抗敌先锋队乡村工作队、妇女抗敌同志会、抗日救护队、抗敌基干队、文化界抗敌同志会、随军工作队、丰顺图书社、汤坑民众图书馆、《文海报》等，开展政治、经济、军事和文化活动，使抗日救亡运动形成高潮。

（二）以学校为阵地开展文化宣传教育

中共丰顺地方组织积极安排一批党员教师到学校去，开展抗日文化宣传教育，团结和发动教育界有名人士和学生家长投入抗日救亡的运动。当时，共产党员师生先后分布在第三区立高级小学、丰顺县立小学、忠实小学、太平楼小学、瀑声小学、平阳小学、东海小学、湖陂小学、坪城小学等。在学校开展形式多样、生动活泼的抗日文化宣传活动，仅教唱抗日歌曲就达二三十首。抗日救亡的歌声响彻学校，群众也跟着唱起来，抗日的宣传深入人心。语文课、尺牍课也紧密结合开展抗日救亡宣传活动。党组织利用学校这阵地，把读书和救亡紧密地结合起来，提出"读书是为了救国，救国必须读书"的口号，抗日救亡搞得有声有势。

（三）打退国民党顽固派的反共逆流，坚持斗争

随着抗日战争形势的变化，在潮汕地区和丰顺县也出现了滚滚反共逆流。面对国民党顽固派的反动行径，中共汤坑中心区委根据中共潮普惠揭中心县委的决定，为了巩固党组织，防止和应付突变，一方面在党内进行整党审干，另一方面领导青抗会斗争形式从公开斗争转入隐蔽斗争，继续开展抗日救亡运动和反逆流斗争。1939 年接近放暑假期间，以共产党为核心，青抗会为骨干，在汤中、丰中先后爆发了"闹学潮"的革命运动。青抗会是党组织领导下的抗日群众组织，在抗战相持阶段，丰顺的国民党顽固派先是企图夺取领导权或进行兼并，后是强迫解散，公开反对革命青年投入抗日救亡运动。1940 年 2 月，国民党顽固派不顾青抗会抗日救亡的事实，不顾民众的舆论，强行解散青抗会，激起了全体会员的愤怒和抗议。在解散青抗会的前后，国民党汤坑区署还派出警察，将东海学校文化促进会主办的《文海报》和各进步团体组织查封，限制民众进行抗日救亡运动。

此后，丰顺的抗日救亡运动，由公开蓬勃发展阶段转向隐蔽，坚持与反逆流的斗争。一部分知名骨干转移到农村或外地活动，大部分会员以学校为阵地，继续开展抗日救亡运动。

第三节　"南委事件"的影响与抗战后期丰顺党和武装组织的恢复

一、"南委事件"对丰顺的影响

1940年11月，中共南方局根据中共中央的指示，决定成立中共南方工作委员会（简称南委），作为南方局的派出机构，统一领导南方各地的党组织。下辖江西、粤北、粤南省委以及琼崖、湘南、潮梅、闽西、闽南特委和广西省工委。

南委被破坏，最初是从1941年5月江西省委被破坏引起。1941年7月，奉调接任江西省委书记的谢育才于上任途中被捕，后省委机关工作人员全部被捕。1941年8月，国民党中统特务机关会同江西调统室，共同策划破坏南委及其所属党组织，继而粤北省委被破坏。谢育才千方百计向南委报信。1942年5月，南委组织部部长郭潜被捕叛变，引领国民党武装特务直扑南委机关驻地大埔县大埔角。6月6日，南委副书记张文彬、宣传部部长涂振农等被捕。7月，广西省工委遭破坏。南委书记方方及其他负责同志由于6月及早撤退，幸免于难。

粤北省委事件发生后，1942年6月，南方局指示南委与江西、粤北断绝一切来往，南委负责同志立即分散隐蔽，对直接管辖的党部暂停任何活动。8月，南方局又指示，除敌占区、游击区党组织照常活动外，国民党统治区党组织一律暂停活动，已暴露身份的党员干部一律转移到游击区工作，其余干部应利用教书、做工、做小商贩等各种社会职业作掩护，实行勤学、勤业、勤交友的"三勤"活动，何时恢复组织活动，等待中央指示决定。

1942年8月，潮梅特委通知丰顺县特派员熊钦海到揭阳接受特委紧急指示。熊钦海接到方向明（原潮梅特委委员、妇女部部长）传达的党中央的指示后火速赶回汤坑，将党中央指示意见层层传达，党组织暂停活动，党员保留党籍，每个党员分别留下联系的暗号，暂停活动时，要利用公开职业掩护起来，做好"三勤"和统战工作。此后，丰顺党组织停止了活动。

在组织停止活动期间，丰顺的党组织执行中共中央南方局的指示，暂时停止活动，实行分散隐蔽，认真贯彻"隐蔽精干，长期埋伏，积蓄力量，等待时机"十六字方针，做好"三勤"，经受了锻炼，保存了干部，积蓄了力量，有效地挫败了国民党的破坏阴谋。同时，通过"三勤"达到"三化"（职业化、社会化、合法化），进一步巩固党员的社会地位，提高了党员的思想政治水平，使党员和群众的关系更加密切了。

二、抗战后期丰顺党组织的恢复

1944 年秋冬，国际国内的政治形势出现了对中国革命空前有利的重大变化。毗邻潮梅的东江地区，东江纵队大力打击日伪军，取得了重大胜利，给华南人民以很大的鼓舞。为了适应形势发展的需要，潮梅党组织酝酿恢复活动，准备开展抗击侵犯潮汕日军的游击战争。

林美南等在南委联络员李碧山的联络沟通之下，经过多次的密商酝酿，着手恢复党组织活动，并重建和扩大抗日武装队伍。1944 年 7 月，通过东纵电台向党中央报告组织停止活动 2 年来的情况，请求批准恢复党组织活动，并开展抗日武装斗争。10 月，中央同意党组织恢复活动，开展抗日武装斗争。丰顺县随即开始恢复党组织工作，首先进行党员审查，再组织学习，接受任务，开展工作。

丰顺党组织恢复活动后，于 1945 年 5 月重建中共汤坑区委员会，书记黄佚侬（兼）。区委机关设在小铜盘瀑声学校等地（流动），属中共揭丰边特派员领导，下辖 9 个支部（小组），党员 60 多名。党组织恢复了，全体党员都积极行动起来。

1944 年 10 月，经党中央批示，同意潮汕地区恢复组织活动，开展抗日武装斗争。次年 3 月，党中央正式批准闽粤赣边的潮汕、梅埔和闽西南 3 部分党组织以武装斗争为中心活动，并决定今后闽粤赣边党委工作由广东省临委（后为广东区党委）暂时兼管。

为了加强联系线的领导，在丰顺邻县交界处相继建立了几个党的边县委。1944 年 8 月至次年 11 月，在闽粤赣边成立中共饶和埔丰工作委员会，常驻地点在福建平和县长乐和大埔县清泉溪，其中下辖丰顺潭江一带；在梅埔丰边成立中共梅埔丰工作委员会，常驻地点在大埔洲瑞嶂岸，其中下辖铜鼓嶂周围丰顺的大龙华、砂胜和黄金一带；1944 年冬到次年 11 月，恢复中共潮揭丰特派员，常驻地点在揭阳梅北牌边乡，其中下辖释迦崇周围丰顺的汤坑和东山片一带；恢复和建立中共揭丰边特派员，常驻地点在揭阳（今揭西）京溪园大岭下一带，其中下辖八乡山周围丰顺的汤坑、河西、八乡山一带；1944 年 12 月至次年 12 月，建立中共潮饶丰边工作委员会，常驻地点在凤凰山，其中下辖凤凰山周围丰顺的留隍东留一带；1945 年 3 月至 5 月，建立中共梅兴丰边工作委员会，常驻地点八乡山小溪一带，其中下辖八乡周围丰顺的八乡山、桐梓洋和县城西北片的建桥、径心一带。

三、抗日游击队韩江纵队的建立及其活动

（一）广东人民抗日游击队韩江纵队的建立

1944 年冬至 1945 年春，潮汕日军为了策应打通大陆交通线的作战计划，向潮汕腹地入侵，到了丰顺汤坑的石角坝，大有向兴梅进犯之势。兴梅地区面临潮汕、东江、粤北三面日军进攻的威胁，随时都有沦陷的可能。

在日军即将入侵、国民党军政人员撤退的紧急关头，梅州地区党组织在南委联络员李碧山统一领导下，抓住人民抗日情绪高涨的时机，在加紧恢复各地党组织的同时，积极建立和扩大抗日武装，先后建立广东人民抗日游击队梅州韩江纵队五个支队。

1945年2月13日，由李碧山主持，在福建平和举行抗日游击队梅州韩江纵队（简称韩纵）成立大会。宣布韩纵的宗旨是：宣传发动群众，开展抗日保家乡的斗争，促进革命形势的发展。先成立两个支队：留守支队和二支队。2月下旬，在大埔组建梅州韩江纵队第三支队和第四支队。3月，在丰顺八乡山成立中共梅兴丰边县工作委员会。3月下旬，八乡山小溪成立梅州韩江纵队第五支队。梅州韩江纵队五个支队分别深入丰顺、大埔等地，开展群众工作，重新开辟了九龙嶂、铜鼓嶂、八乡山游击根据地。

中共潮汕党组织在特派员林美南领导下，在加快步伐恢复和建立各级党组织的同时，建立和扩大抗日武装队伍，开展抗日游击斗争。1945年2月28日，潮汕人民抗日游击队在普宁成立。大队下辖两个中队和一个短枪班。游击队成立后，公开发布了《潮汕人民抗日游击队成立宣言》。6月下旬，奉中共广东区党委的命令，将原来潮汕人民抗日游击队扩编为广东人民抗日游击队潮汕韩江纵队。下辖三个支队分三大片活动。潮汕地区韩江纵队发展的全盛时期，全纵队拥有约2000人枪，战斗在潮普惠、潮揭丰、潮澄饶的广大地区，为驱逐日寇，光复潮汕，反对内战作了重大贡献。

（二）日军的侵略罪行与狙击日军侵犯

日军所到之处，烧杀淫掠，无恶不作。千百万中国人民惨遭屠杀，无数房屋财产化为灰烬。日军侵犯丰顺，同样采用"三光"政策，罪恶滔天，激起丰顺人民的愤慨与强烈的反抗。

日本飞机从 1937 年 8 月 31 日开始，至 1940 年止，数十次对丰顺县附城（丰良）、汤坑、留隍等地疯狂轰炸。同时，还轰炸了汤坑和留隍市。日军于 1939 年端午节进攻汕头时，为了逃难，船民们冒着枪林弹雨把停泊在汕头的潮安、丰顺、兴梅各地的船只开走，沿韩江逆流而上，至下午到达庵埠。庵埠的日军把所有的船只截住，共被截获电船 1 艘、木船十几艘，船上人员除少数跳水逃走外，其余 300 多人被抓。次日天亮时被捕的船民全部被日寇拖至江边用军刀砍死。

1944 年 12 月 10 日至 15 日，日军第一次侵犯汤坑。当时，盘踞在潮汕的日军为解决补给乃集结大部兵力，纠合伪军陈光辉部共万余人，向内地窜扰。其中一路由揭阳入丰顺埔寨并分一路由新亨经白石会攻汤坑。国民党驻军一八六师和县、区署，战前提出"死守猴子崀""死守石角坝"等口号，但在日军进攻前就不战而逃，听到新亨炮声响，就溃退到猴子崀去。汤坑卒于 12 月 10 日陷落。后日军因占据汤坑，迭遭民众袭击，无法进一步入侵，于同月 16 日撤退。

1945 年 1 月 25 日至 27 日，日军第二次侵犯汤坑。日军循上次途径，进攻普宁棉湖窥五华，一路攻南山惠来潮阳；一路由埔寨迁回坪城，自河西一带包围汤坑；一路由揭阳公路正面攻击，汤坑遂于 1 月 25 日又告陷落。但在汤坑民众自卫队袭击下，驻扎两天，又狼狈撤出。

汤坑青年抗敌同志会在党的领导下，于 1938 年 6 月成立汤坑青年抗敌先锋队 100 多人，进行军事训练，准备抗击日军的侵略。同年 8 月，组织了随军工作队，防止日军突袭和混入伪军汉奸。

日军两次侵犯汤坑，妄图抢粮，向内陆腹地推进，都遭到汤坑军民的阻击。12 月 10 日晨，日军由揭阳进犯到丰顺交界的九斗山，国民党军一八六师五五八团被迫和民众自卫队与日寇激战，该团副团长牺牲。10 日上午，日军进攻丰顺汤坑埔河村，国民党军五五七团第一营被迫和民众自卫队进行阻击，营长严珠甫和 4 名士兵牺牲。13 日，日军向苏姑山和石角坝进攻，国民党军和民众自卫队登上黄崇、乌烟崇、苏山崇三个山头，并在石角坝土坡、沿河两岸与日军作战，在苏姑山村巷战，成功阻击了日军。使日军妄图翻越猴子崇从而攻占丰良和梅县等内地的图谋不能得逞，只能望山兴叹，失败而归。此战，有邓连长和 18 名士兵壮烈牺牲，同时也打死 5 名日军。200 多名日军进攻埔寨，保安大队和当地群众抗敌自卫武装奋起迎击于坎头山，民众送茶送饭到战场助战。这次战斗，击毙日军 3 名，伤敌 11 名。战后，一八六师师长张泽深表彰埔寨有功，赐给埔寨"特建奇功"牌匾。据不完全统计，在这 4 次阻击战中，击毙日军 9 名，伤敌 11 名。在国民党军和民众自卫队阻击和侵扰下，敌人无法支持，第一次驻了 7 天，第二次驻了 2 天，就狼狈撤出。

四、抗日战争的胜利

1945 年 8 月 15 日，日本天皇裕仁以广播"停战诏书"的形式宣布无条件投降。9 月 2 日，日本天皇和政府代表以及日本大本营代表在投降书上签字。至此，中国抗日战争胜利结束。

1945 年 9 月 10 日，潮汕各地日军遵命集中于汕头礐石缴械，伪军等候整编。16 日，广东地区日军在广州市中山纪念堂举行投降签字仪式，日军第二十三军司令官田中久一中将在投降书上签字，广东人民抗日战争从此结束。15 日，日军撤出潮安。27 日，田中久一的代表富田直亮少将从广州来汕头，签署降书。潮汕地区的日军 4800 余名同时缴械投降，并送入礐石集中营；伪军也缴械投降。至此，潮汕的抗日战争随着全国的胜利结束而结束。丰顺各界人民听到日本投降的消息后，星夜放鞭炮，举行火炬游行，庆祝抗日战争的伟大胜利。

第四章
解放战争时期

第一节　贯彻中共中央关于坚持
隐蔽斗争的方针

抗日战争胜利后，以中国共产党为代表的人民大众，强烈要求国内和平，实行民主，建设独立、民主、富强的新中国。但国民党统治集团则坚持蒋介石的反动独裁统治，为了独占抗战胜利的果实，依靠美帝国主义支持，继续进行反共反人民，全力发动内战。

潮梅地区和丰顺的形势，跟全国一样，也发生了急剧转化。国民党第五"清剿"区行政督察专员兼保安司令郑绍玄，猖狂地实行"联防联剿"，各县成立"清剿"机构，大举进行"清乡"活动，各乡成立"自新委员会"，勒令革命人员和家属办理"自新"登记，还到处悬红通缉共产党员、革命干部，迫害韩纵队员和家属。其地方武装保安团配合正规军一八六师，在抗日游击队韩江纵队的根据地和活动地的村庄大肆烧杀抢掠。国民党一八六师五五七团一个营，会同揭阳和潮澄饶自卫总队，于1945年8月17日向驻潮揭丰边的山区居西溜的韩江纵队第一支队发动进攻。1946年1月，国民党一八六师会同揭、丰、华各县保安部队多路进攻八乡山，企图在八乡山戏仔潭（今戏潭村）消灭韩纵部队。同时，国民党政府当局为了准备内战，不断向人民征兵征粮征税，加上连年的天灾，农业失收，市场萧条，物价飞涨，广大人民过着饥寒交迫、贫困的生活。

一、坚持隐蔽斗争方针的贯彻

（一）八乡山戏仔潭会议和中共潮揭丰边县委的成立

1945 年 7 月，中共广东区委员会成立。广东区党委指派林美南为中共潮汕地区特派员。中共潮汕地区特派员下辖中共潮揭丰边工委、潮饶丰边工委。

9 月 10 日，中共中央指示东江纵队实行分散活动、保存干部的方针。16 日，广东区党委为贯彻中央指示，决定一方面坚持斗争，保存武装，保存干部；另一方面作长期打算，准备将来的合法民主斗争。20 日，广东区党委指示南山区（惠来、揭阳、普宁边）、八乡山区（梅县、丰顺边）坚持军事斗争。根据区党委的指示，八乡山成为潮汕地区一个进行分散活动、坚持隐蔽斗争的据点。

11 月 20 日，根据中共中央指示，经中共广东区党委批准，中共潮汕特委在丰顺八乡山戏仔潭村成立，书记林美南。同日，特委召开了第一次会议，决定成立特委军事委员会，统一加强对潮汕武装斗争的领导。

1945 年 11 月，根据斗争形势的需要，中共潮汕特委决定，建立中共潮揭丰边县委，派杨英伟任书记，县委机关先后设在榕城西门健生药房、榕城进贤门的德里旧家、揭阳梅北五房。县委下辖揭阳的一、二、四区和潮安、丰顺（汤坑）、潮阳边区临揭阳的地区。其中下辖的汤坑区委，由黄侠依兼书记，全区有党员 60 多人。1946 年 6 月后，改为特派员制，由廖志华任特派员。1947 年 6 月后，改为汤坑区委，书记廖志华。

（二）大北山工委会和八乡山情报站的建立

抗日战争胜利后，为了建立大北山根据地，韩江纵队第三支队政治委员曾广抽调中队以上干部 5 人，成立大北山工作委员会，进入八乡山开展群众工作。工委会任务：一是以八乡山为中心点，搞好统战工作；二是扎根串连，依靠地下党员，建立堡垒户（三同户）；三是筹粮筹菜，解决部队给养。

1945 年 10 月 14 日，韩江纵队合编为潮汕人民游击支队后，支队长古关贤和政治委员林川决定在八乡山建立情报站，派黄一清和高元为负责人。情报站点设在八乡山思茅坪。情报站的任务，是把党各个地下联络站的情况上报支队，或将支队消息向各联络站传达，互通情报。

在丰顺边界的中共潮揭丰、澄饶丰、梅埔丰、饶和埔丰诏等边县委的工作人员、游击队员和武工队人员进一步实行生产转化。各边县委把留在山区的工作人员、游击队员分成三五人一组、一二十人一队。他们分散到八乡山、九龙嶂、铜鼓嶂、凤凰山、释迦崬等地群众基础较好的小村庄或山坑，化装成农民，有的搭茅寮，有的与当地群众一起上山开荒地种作物和砍柴、烧炭、摘竹叶、做木屐等。产品托群众挑往圩镇出售，解决给养问题。他们严明的纪律和艰苦的生活，深深感动了群众，取得了群众同情、信任和爱戴，革命活动得到群众的支持和掩护，度过了困难时期。

二、坚持自卫斗争反击国民党军进攻

根据中共广东区党委关于"国民党对广东进攻是全面性的，各地武装要分散发展，扩大据点，组织更多的武工队，进行自卫斗争"的指示精神，对敌军的进攻，坚决进行自卫还击。1945 年 11 月 19 日，国民党一八六师五五七团以 2 个营的兵力，从丰顺汤坑埔寨和揭阳五经富等地，分三路向八乡山边界韩纵驻地的大洋进攻。韩江纵队会同东江纵队 1 个机枪连，进行坚决还击。顽军发现游击队的火力出人意料的强猛，进攻受挫。经一天的战斗，至傍晚双方撤退。韩纵歼敌数名，俘敌侦察兵 4 名。

由于有群众的掩护，又做好了上层绅士的工作，又没有大的军事行动跟踪目标。因此，在敌人的几次"围剿"中，八乡山都平安无事，完整地保存了党组织、韩纵骨干和电台等，粉碎了敌人迅速消灭八乡山游击队的美梦。

三、韩江纵队整编与武装的隐蔽和转移

1945 年 10 月 14 日，韩纵司令部在大南山大窝村召开二支、三支队部分指战员会议。韩纵司令员林美南在会上分析了形势，提出"精干武装，分散活动，发动群众，开辟新区"的方针，决定整编部队。会上决定将一、二、三支队合编为潮汕人民游击支队，党代表林美南，支队长古关贤，政治委员林川，参谋长杜平。整编后，仍保留韩江纵队和一、二、三支队的番号。

11 月上旬，韩纵一、二、三支队开进丰顺八乡山戏仔潭黄罗嶂会师，并进行再次整编。以原三个支队为基础，选留精干人员，编成三个大队，其他人员到地方工作或分散隐蔽，以待时机。其中第三大队约 200 人，大队长汪硕、副大队长曾长江，这个大队留在以八乡山为中心的大北山区活动。

1946 年 1 月底，韩江纵队在八乡山小溪的马屋山石砖屋召开部分中队长以上干部会议，提出了"收起长枪留短枪"活动，大部分游击队员疏散复员，把主要力量转移到地方做群众工作的方针。这是韩纵武装斗争策略上的一次大转变。

为争取全国人民的和平民主，1945 年 8 月，中共中央领导人与国民党进行了 43 天的谈判。10 月 10 日，国共双方签署了"双十协议"，共产党在解放区政权和人民军队的问题上，作了必要的让步。1946 年 1 月 10 日，国共代表正式达成停止军事冲突的协定。1946 年 4 月底，接中共广东区党委通知，韩江纵队抽调 50 名骨干随东纵北撤。5月，经特委书记林美南和林川研究，确定了韩纵北撤的基本方案，并决定北撤后保留2支由少数武装骨干组成的武装小队伍。6月初，林美南在汕头市召集特委会议，研究并确定北撤的最后方案以及南撤人员的安排和工作方针。会议确定今后党的工作方针是"保存力量，保存骨干，长期积蓄力量，等待时机"。

韩江纵队部分骨干北撤后，国民党顽固派集中了福建和广东两省主要兵力，向闽粤赣边广大游击区发动了空前规模的"清剿"。1946年5月，潮汕特委在汕头召开的会议作出决定，对已暴露的中共党员、韩纵队员、进步群众，能就地隐蔽的就地隐蔽，不能就地解决的就易地隐蔽，在潮汕难以立足的就暂时向海外疏散转移（南撤）。在国民党加紧搜捕中共党员和韩纵队员的严峻形势下，先后南撤到泰国等东南亚各地的有徐位贯、柯芳松、李文奎、卓玉赵、徐玉磷、陈生盘、杨纪口、徐辉遼、冯碧然、徐瑞意、蔡培松、冯汉帮、冯振球、胡冠英等中共党员和韩纵队员20多人。

1946年1月，中共中央成立"中共旅暹潮侨工作组"，派李平、方朗等人到东南亚（主要是泰国，也包括现在的越南、柬埔寨、老挝、新加坡、马来西亚等地）联系从潮汕地区撤退的党员和韩纵人员。对党员干部要进行初步审查，组织他们学习，以后在国内形势发展需要时，动员、组织他们和当地爱国华侨青年回国参加武装斗争。1946年7月，工作组抵达泰国曼谷。1947年上半年，旅暹党组织先后联络了南撤党员、革命群众几百名。丰顺去的党员冯汉帮、冯振球、胡冠英等，也和旅暹党组织取得联系，并于1947年底至1948年3月先后回国参加解放战争。

四、益民诊所事件

汤坑镇东二市益民西医诊所，是抗日战争时期和解放战争时期中共南方工作委员会、潮梅特委和潮汕地委的主要秘密联络站之一，潮梅地区党的负责人来往经常都住在这里，并在这里开展党的革命活动。联络站的负责人是中共党员、益民诊所的开业医生徐院池，站里还有党员黄碧容和徐位广等人。联络站的主要任务是接待和掩护来往的负责同志，收集敌人的情报和开展统战工作等。

1946年东纵北撤后，丰顺县国民党当局及其军队乘机向中共地下党员及韩纵复员人员进攻，实行"清乡"、清查户口，逮捕地下党员和韩纵复员军人，威胁与强迫地下党员"自新"，反动气焰十分嚣张。同年秋，韩江纵队北撤后留下来的胡冠英从八乡山来徐院池家暂住。不料被叛徒张福出卖，徐院池被抓走。徐院池被捕后，中共汤坑区委和黄碧容（徐院池的爱人）积极开展营救工作，经过三天的周旋，才把他救出来，化险为夷。

1947年8月，益民诊所联络站为潮汕人民抗征队提供了有关汤坑的敌情，潮汕人民抗征队袭击汤坑警察所，全歼敌警。国民党当局大为震惊，并伺机报复。8月29日，徐院池再次被捕。徐院池是恢复丰顺党组织的核心人物，他如遭遇不测，丰顺党组织和潮梅党组织将受到严重的破坏，因此，汤坑党组织配合家属进行营救，并取得成功。

第二节　游击根据地的建立和武装斗争的开展

一、贯彻中共中央关于开展游击战争的指示与潮汕人民抗征队的成立

1946 年 6 月 26 日，蒋介石悍然撕毁停战协定和政协协议，大举进攻中原解放区，向各个解放区发动了全面进攻，全面内战爆发。为配合正面战场作战，党中央于 1946 年 11 月 6 日指示南方各省要趁国民党统治区后方兵力空虚，征兵征粮使得民不聊生、群众斗争情绪普遍增加的有利时机，根据不同情况，有步骤地发动与组织农村开展游击战争建立游击根据地。接着又于 1947 年 3 月 8 日发出《关于开展蒋管区农村游击战争的指示》。香港分局根据党中央的指示于 1946 年 12 月 27 日作出恢复武装斗争的决定，并于 1947 年春在香港举办各战略区党委负责人参加的训练班，组织各地领导干部学习党中央指示，提高认识、增强信心，进一步部署华南地区的游击战争。从此，华南地区的武装斗争迅速得到恢复和发展。

1947年6月7日，中共潮汕特委根据中共中央香港分局关于"动员全党和广大人民积极开展反三征运动，重新开展武装斗争"的指示，召集特委武工队和各地党组织派来的人员。6月中旬，中共潮汕特委在大北山粗坑村召开扩大会议，传达香港分局指示，潮汕特委改为潮汕地委，曾广任书记。会议决定以反"三征"（征兵、征粮、征税）为中心内容，深入发动群众，广泛开展游击战争。确定以大北山（八乡山）及丰顺全县为中心战略据点，大南山、凤凰山为支点，南阳山、五房山为转动点，建立梅花形革命根据地。16日，由刘向东代表地委宣布成立潮汕人民抗征队，这标志解放战争时期潮汕地区隐蔽斗争的结束和公开武装斗争的恢复。潮汕人民抗征队以特委特务队为基础，加上分散在揭阳、普宁、潮阳、丰顺等县的游击队员及韩江纵队部分骨干共有70多人。潮汕人民抗征队成立后，在潮汕地委直接领导下，开展武装斗争，把武装斗争纳入党的议事日程，积极组织军事训练，发动群众反"三征"，开展游击战争。

二、八乡山游击根据地的建立

（一）肃清八乡山敌顽

潮汕人民抗征队建立和中共潮汕地委粗坑会议之后，即着手开创八乡山游击根据地据点。为开创八乡山据点，潮汕地委建立了一个政工队，与抗征队配合做发动群众工作。

抗征队和政工队，为贯彻杀一儆百的方针，切实把群众发动起来，先处决了八乡贵人村八乡土霸、乡长廖少成。八乡山人民大受鼓舞，广大青年纷纷起来参军参战。

1948年3月1日，汤坑武工队配合潮汕人民抗征队北山大队200多人，在八乡山一带对敌特和反动势力进行扫荡。处决了严磜湖恶霸地主、保长陈汉光，大竹园恶霸地主、保长陈水汉和陈国光，龙岭村乡长陈华就和陈火星等罪大恶极的反动头子，缴获长短枪十余支，进一步肃清了八乡山的敌顽分子，为创建八乡山游击根据地扫除了障碍，党组织和抗征队在八乡山站稳了脚跟。

（二）袭击汤坑警察所和开仓分粮

潮汕人民抗征队成立后，开赴八乡山崆尾村进行集训。集训期间，计划袭击汤坑警察所，消灭八乡山根据地周围敌人的有生力量，巩固八乡山根据地。

1947年7月30日傍晚，抗征队在司令员刘向东、政治委员曾广直接指挥下，从八乡山崆尾、小溪等地出发，在高砂的祠堂等地隐蔽下来。8月1日凌晨1时多，刘向东和曾广在石印崈下令向敌人进攻。经过1小时鏖战，抗征队冲进了警察所，全歼敌人。同时，捕获了税捐分处主任孔关卿夫妇2人。

3日晚，中共汤坑区委乘敌人惊魂未定，毫无武装设防的情况下，又以党员为核心，组织农民群众200多人，星夜奔赴汤坑镇。集中在柯屋寨西门外，破敌设在颖川乡安仁里（柯义泉）的粮仓。此役后，中共丰顺县工委即在八乡山小溪成立，随后汤坑武工队建立。群众欢欣鼓舞，踊跃奔向八乡山等革命根据地参加抗征队和武工队，开展反"三征"的革命斗争。

（三）汤坑武工队和独二大队的建立

陈权到八乡山任揭丰边县工委书记后，根据潮汕地委副书记、潮汕人民抗征队司令员刘向东的指示，依靠汤坑地下党组织，抽调几名地下党员，于 1947 年 10 月 28 日在八乡山荷树岭下建立揭丰华边武工队（汤坑武工队）。1948 年 6 月，县工委在八乡山小溪召开县委扩大会，决定把武工队由中队扩编为大队，番号为潮汕人民抗征队独立第二大队，饶辉任大队长，政治委员由县委书记王文波兼，下辖 3 个中队。为了提高军事素质，对骨干进行军事训练，饶辉和从菲律宾回来的许抗生任军事教员。

1948 年 1 月 22 日，丰顺县工委书记陈权在八乡山小溪召开部分党员骨干会议，宣布成立东山武工队，队长徐岱。同年 6 月扩编为中队，下辖 4 个武工队。

三、粤东支队的成立、梅埔丰边游击根据地和中共揭丰、埔丰边县党组织的建立

解放战争时期，粤东是指粤东地委活动的属于广东的大埔、梅县、平远、蕉岭，以及饶平、丰顺、兴宁的部分地区，丰顺部

分地区是指北部的丰北、大龙华、砂胜、黄金、潭江和其他地区。

（一）粤东支队的成立

1947年4月下旬，中共闽粤边区工委（6月改为闽粤赣边区工委）特派员魏金水参加香港分局举办的干部训练班学习后，回到大埔七里溪召开闽粤边区工委第二次会议，传达了党中央8月3日关于开展国统区农村游击战争的指示，和香港分局同意边区工委提出的闽粤边游击战争以粤东为主要出击方向，先从粤东发动起的意见。从此，确定了"先粤东、后闽西南，普遍开展游击战"的战略方针。

1947年4月下旬，抽调原闽西王涛支队骨干和梅埔地委特务队，于5月中旬集结在大埔县的砂坪成立闽粤赣边人民解放军粤东支队，支队长刘永生、政治委员杨建昌。1947年6月下旬，边区工委决定，建立中国人民解放军闽粤赣边区总队，任命刘永生为总队长，魏金水为政治委员。

1947年8月，粤东地委在大埔县召开了第一次地委执委扩大会议，贯彻边区工委扩大会议精神。根据边工委指示，粤东地委加强了向边县委领导，原梅埔丰边县分为梅埔边县、埔丰边县，组成边县人民游击队。

粤东支队为打开梅埔丰的局面，曾于6月16日袭击了大埔梓良乡公所，接着挺进丰顺的小胜，然后又突进梅县县城惩办反动分子，缴枪几支，得港币36万元。粤东支队把36万元港币交边区工委和香港分局，解决了给养问题。接着粤东支队出击大麻、三乡。在打开梅埔丰边斗争局面以后，同年 11 月中旬粤东支队及各边县武装挺进到梅兴丰华边的马图休整。

（二）立足梅埔丰边，摧毁丰北顽敌

在粤东支队成立之后，中共埔丰、梅埔县委在梅埔丰边先后建立了梅埔边、埔丰边人民游击队，并配合粤东支队，首先在梅埔丰边开展游击活动。在丰顺地域，先向丰北片的区乡公所突击，对顽敌进行扫荡。

粤东地委根据边区工委指示和敌人动态，1948 年 1 月下旬在马图召开第二次扩大会议，总结经验，分析形势，部署斗争，并确定粤东支队各独立大队的番号和战斗序列。埔丰边人民游击队改为粤东支队独立第一大队，大队长姚丁。梅埔边人民游击队为独立第二大队，大队长张其耀。梅兴丰华边人民游击队为独立第三大队，大队长陈德念，政治委员熊培。饶和埔丰边人民游击队为独立第五大队，大队长黄晞，政治委员黄维礼。

在此期间，丰顺北片在边县委的领导和在砂胜区委、大龙华区委、黄金区委、丰北区委和双桃潭江区委直接领导下，发动群众，组织民兵和农会，开展反"三征"和进行减租减息运动，掀起了群众性的革命高潮。此时，梅埔丰边游击根据地已逐步由铜鼓嶂和九龙嶂的山区，扩大到砂田、小胜、黄金、潭田、丰北、大龙华、龙岗等地，既巩固了铜鼓嶂和九龙嶂革命根据地，又开辟了新区。

丰顺党组织及武装部队，经过 1 年的艰苦斗争，取得摧毁敌

汤坑区和八乡一批乡政权，歼敌上百人，缴轻机枪 1 挺，长、短枪 150 多支的重大胜利，创建了以揭丰华、梅埔丰和潮澄饶丰为中心的游击根据地，打击和削弱了国民党当局的区乡反动统治，又锻炼和壮大了人民武装力量。

（三）中共揭丰边县工委与各区委的建立

为建立八乡山战略据点，中共潮汕地委于 1945 年 8 月决定在八乡山建立中共揭丰边县工委（亦称中共丰顺县工委），指派陈权来八乡山创建革命根据地担任县工委书记，副书记王文波。县工委机关设在小溪锅笃潭，主要任务是进行反"三征"的斗争和开展减租减息的工作，深入发动群众，组织武工队和民兵，建立八乡山革命根据地，广泛开展游击战争。

县工委下辖汤坑区委，同时直线和单线联系的党支部和小组有河西、西城、石江、蕉潭、东联、后安、黎峰（含大湖洋）、龙山中学、汤坑镇、情报站、街道、区联学校等，有党员 80 多人。

（四）中共埔丰边县委与各区委及武工队的建立

为适应斗争形势发展需要，加强各边县开展武装斗争的领导，中共闽粤边区工委和粤东地委决定，撤销梅埔丰边县和粤东地委直属工作团特派员制，于 1948 年 3 月上旬，分别在梅县三乡小都村的留岌岗和大埔县的银江乡冠山村，成立中共梅埔、埔丰两个边县委。埔丰边县委驻在铜鼓嶂山区。埔丰边县委成立后，于 3 月中旬，正式成立埔丰边县人民游击队。

从 1947 年秋开始到 1948 年夏，先后组建成立了属下 8 个区委和武工队。1947 年成立中共大龙华区委和大龙华武工队（第四武工队）；1947 年 8 月建立砂胜区武工队；1948 年 1 月建立黄金区武工队；1948 年 2 月建立中共砂胜区委（砂田、小胜）；至 1948 年 6 月，黄金区委未成立，并入砂胜区委。各武工队成立后，主要任务是发动群众开展反"三征"和实行"二五"减租减息的斗争。

四、爱国民主运动的开展与发动
学生参加游击队

1946 年 6 月，国民党当局撕毁停战协定和政协协议，挑起全面内战。中共丰顺县工委和各边县委适时地先后派出一批党员到汤坑中学、丰顺一中、龙山中学和区联小学等各校以任教或读书为掩护，占领学校阵地，从中领导和组织发动学生开展爱国民主运动，同时，动员进步学生参加游击队。

由于国民党当局镇压群众和学生民主运动，引起学生的愤恨。1947 年 1 月，丰顺汤坑中学张耀坤（张晃）、徐仲豪（徐英）、陈开旋等 12 名学生在学校成立盟锋社，其宗旨是在共产党的领导和帮助下，要求民主，反对国民党的腐败统治，反对学校搞白色恐怖活动。具体行动是公开反对国民党在校发展三青团员，反对在校举行童子军训练，反对在校利用升降旗集会进行反共反人民的训话。后来，这批学生毕业后在汤坑中学校友、党员徐岱等的引导下，有张耀坤、徐仲豪、徐炳坤、徐位云、丘喜初、林文孝6人进入八乡山和东山参加游击队。此次学生运动，给学校发展三青团员和带有军训性质的童子军训练一个沉重的打击。

1946年在汤坑区联小学，成立汤坑中学校友会。该会以区联和金汤小学教师为主，有会员100多人，是共产党领导下的外围群众组织。校友会在县、区委直接领导下，利用学校为阵地配合武装斗争的开展，为党组织和八乡山游击队提供国民党的政治、军事、经济情报。组织革命青年参加游击队，开展游击战争。1947年秋，根据县工委"关于开展游击战争，建立根据地"的指示，校友会和区联小学一批党员师生徐岱、徐松、胡庆信等到八乡山等地参加游击队。区联小学被誉为"革命摇篮"。

汤南龙山中学在响应北平学生运动中，罗从正、黄明、罗慕卿等十多位同学，自发组织"龙山中学通讯会"，旨在学习进步书刊，寻求革命真理。后来地下党员黄钟利用学生运动积极宣传革命道理，培养学生入党。从1947年冬至次年，先后培养黄明、罗仁等20多人入党。

鉴于丰良没有党组织，不适应潮梅解放战争的需要，粤东地委于1947年8月派邹长安率朱欣和罗永明来丰顺；丰顺县工委于1948年2月从八乡山游击队派出党员陈修轼（陈仁）去县城。他们打入良乡中学和丰顺一中，以教师职业和学生身份为掩护，开展地下活动，发动一批革命师生，散发传单，递送情报，参军参战，为解放丰顺县城做准备。

丰顺学生运动和学生参加游击队，促使革命队伍迅速壮大，有力地打击了国民党统治区的敌人；同时，也为后来接管城市培养了一批人才。这些同志在党的领导和教育下，为八乡山、铜鼓嶂、凤凰山等各游击根据地的巩固发展和丰顺的解放作出了贡献。

第三节 粉碎国民党"清剿",巩固 和扩大游击根据地

一、国民党的"清剿"计划与丰顺县党组织的决策

随着人民解放战争进入战略反攻阶段,1947年10月10日,中国人民解放军总部发表宣言,响亮地提出"打倒蒋介石,解放全中国"的口号。蒋介石被迫采取了分区防御的方针,集中一切人力、物力、财力,进行所谓"总体战",妄图借此达到其"坚守东北,力争华北,'追剿'中原,经营华南"的战略目的。广东省主席宋子文派出少将军官喻英奇积极部署对人民武装进行军事"围剿",分为两期进行,第一期"清剿"计划:重点进攻,分区"驻剿"。第二期即"肃清"平原,围困山区。声称第一期要在3个月内铲平八乡山(大北山)根据地,消灭人民武装队伍。

1948年1月下旬,闽粤边区"剿匪"总指挥部涂思宗率9名将官组成的"剿总"和直属部队转移梅县松口,即令闽粤边各县保警团队,全力出动向人民武装进攻,对粤东地区进行"十字扫荡",采用军事扫荡、政治进攻、经济封锁,企图消灭闽粤赣边区

总队粤东支队和地方游击队，摧毁游击根据地。

闽粤赣边区总队和抗征队在中共中央香港分局、边区工委和潮汕地委领导下，与地方武装部队紧密配合，依靠游击根据地的群众和敌人进行了艰苦的斗争。为粉碎喻英奇的军事进攻阴谋，1948年1月下旬，中共潮汕地委在大北山召开扩大会议。确定党的中心任务是减租减息，发动群众，大量派出武工队，扩大主力，逐步建立政权（包括两面政权），以粉碎喻英奇的军事"围剿"。同时，抗征队和武工队乘敌计划进攻之际，加紧反"围剿"的各项准备，并先敌全面出击，沉重打击敌人，壮大人民武装力量。

中共闽粤赣边区工委根据香港分局的指示，提出"粉碎敌人重点进攻"的方针，号召粤东各部队应采取内外结合，重点与非重点相结合，军事反击与政治反击相结合，摸清敌情，抓住其弱点，集中优势兵力，歼灭其一路或一股的战术，打击进攻之敌。

经过艰苦的斗争，于6月基本粉碎了敌人第一期的重点进攻。到1948年11月，敌人的第二次"清剿"亦被粉碎，巩固和扩大了根据地，使闽粤赣边区成为南方一大块根据地，为边纵的正式成立和转入战略进攻奠定了坚实的基础。

二、五次反"围剿"斗争及其胜利

（一）第一次反"围剿"斗争的胜利与丰顺县工委改组为县委

1948年3月中旬，喻英奇发动对抗征队根据地大南山第一次"围剿"。抗征队第三大队采取集中力量消灭敌主力一路的打法，于15日在云盖月高地设伏，16日，武工队和民兵出击各路敌军，迫使敌军相继撤出大南山。共毙伤敌中队长以下50余人，俘敌排长以下7人，缴步枪7支。

为了配合潮汕人民抗征队第三大队在大南山方面粉碎喻英奇第一次的"围剿"，1948年3月18日，汤坑武工队与梅北武工队挺进河西，准备拔除颍川乡联防点。在高砂与敌发生遭遇战，毙、伤敌15人。

第一次反"围剿"胜利后，随着党组织发展，汤坑武工队扩大为中队，八乡山革命根据地形成。1948年3月，中共丰顺县工委改组为中共丰顺县委员会。由王文波任书记，丘达生任副书记，汤西片（含八乡山）各支部直接隶属县委领导。根据县委决定，在东山橄榄溜成立下属的中共东山区委，书记廖志华。至12月底，丰顺县委辖下党员281名。

（二）第二、三、四次反"围剿"斗争的胜利与潮揭丰人民行政委员会的建立

喻英奇进攻大南山失败后，又把进攻转向八乡山。1948年4月初，第三"清剿"大队王国权部从揭阳（现揭西）五经富经南

山、岸洋到八乡山龙岭下，共有 1000 多人，分三路计划于 11 日在八乡山戏仔潭会师，妄图歼灭潮汕人民抗征队第一大队和汤坑武工队，捣毁八乡山根据地。

中共潮汕地委抗征队司令部根据敌情、地形和群众等条件作了部署。抗征队在汤坑武工队和八乡山、河西民兵的配合下，采用伏击战术打击"进剿"敌军。八乡山第二次反"围剿"斗争前后经历 10 天，共毙伤俘敌 150 多人，取得胜利。

喻英奇不甘心一再失败，4 月下旬，又发动第三次"围剿"。1948 年 4 月 26 日，潮安保警二大队进犯大南山，27 日驻河婆的保警十一营向鲤湖开进策应其行动。潮汕人民抗征队司令部布置南雄大队和武工队带领民兵，在南阳山内线与敌周旋。主力第一、三大队分南北两线挺进敌后，配合地方部队、武工队，开展平原游击战，调敌出山，打破敌人封锁。根据地委关于避开与敌正面作战、挺进外线出击敌兵力空虚腹地的指示精神，汤坑武工队在丰顺县委的领导下，于 5 月 11 日迂回到揭阳卅岭，在南线配合主力第三大队及兄弟部队作战，摧毁桐坑乡公所，击溃揭阳县保警队、白塔联防队。经过几天的战斗，南线部队共毙、伤敌 25 名，缴获轻机枪 5 挺，长、短枪 80 余支。

北线抗征队第一、第四大队和粤赣湘紫五中队，联合民主联军张辉部共 600 余兵力，于 5 月 12、13 日，在河婆东心埔截击揭阳保警二大队，与敌来援的保八营战斗，追击至揭普惠陆联防办事处驻地河婆镇。尔后北线主力直下揭阳三区，与该区游击队一起开展平原游击战。喻英奇捉襟见肘，割肉补疮，从南阳山前线调来保十一营，阻止部队向丰顺和榕江推进。26 日，保十一营与揭阳保警队和汤坑联防队共 300 多人，企图围攻人民武装。汤坑武工队和河西民兵占领白头山，在石桥头与敌展开争夺交通线的激烈战斗，战斗从上午持续至傍晚，北线部队共毙、伤、俘敌 130 多名，缴枪 23 支。

这次反"围剿"斗争，前后持续 1 个月，由于抗征队挺进敌后，开展外线平原作战与山地内线作战相结合的成功，弄得敌人后院到处冒起烟火，四方报警告急，逼使进攻大南山、南阳山之敌不得不撤退。敌人的第三次"围剿"又告失败。

根据地委关于筹建潮揭丰人民行政委员会，以统一领导根据地政权的指示，于 1948 年 5 月宣布成立潮（安）揭（阳）丰（顺）人民行政委员会。主任杨㦡（杨世瑞），后增任何绍宽为副主任。在行委领导下，设汤坑办事处，徐松任主任。在县委直接领导和徐松的参与下，各地相继成立乡民主政权，减租减息普遍展开，农会与民兵组织蓬勃发展，使广大农民团结在党的周围，组织成千上万的民兵队伍并肩作战，打败敌人的"围剿"。

第三次反"围剿"斗争胜利后，汤坑武工队迅速壮大到 200 多人。1948 年 6 月，在八乡山小溪村，由潮汕地委组织部副部长、原丰顺县工委书记陈权主持召开会议，决定把汤坑武工队由中队扩编为大队，番号为潮汕人民抗征队独立第二大队，下设 3 个中队。

1948 年 7 月，根据香港分局的指示，潮汕人民抗征队改编为闽粤赣边纵队潮汕支队，司令员刘向东、政治委员曾广。下辖各大队、独立大队、33支武工队，共有1900多人。部队整编后，进行政治教育和军事训练，提高了军政素质。

根据潮汕支队司令部关于各部队趁机向山地外围出击，开展平原游击战的指示，全面向平原出击。6月，东山武工中队奔赴大铜盘袭击联防队，逮捕了五权乡副乡长。事后，汤坑联防300多人分两路进入东山笞袋角，企图抢走被人民武装逮捕的副乡长，进至黄泥溜，又被伏击，伤6人，其余敌人仓皇撤退。7月27日，武工队配合抗征队第一大队，攻打埔子寨（今埔寨）乡公所联防队，虽然没有攻陷，只缴敌人手榴弹32颗，子弹2000多发，但已把这个反动堡垒的反动嚣张气焰压下去。8月，在东山区委和抗征队第二中队指挥下，由队长徐德率领，乘汤坑圩日，乔装农民挑柴、担炭赶集，在埔头寨赤子树下，智擒在此设卡、无恶不作的联防队队长徐春茂，并攻入联防驻地，毙敌1名，缴枪2支。8月18日，河西突击队配合县独二大队，在饶辉和杨龄率领下，从南溪和河西出发，攻打蕉潭联防队和县警队，摧毁岭头顶上敌炮楼，敌死伤3人，缴长枪2支。这次出击平原，袭扰了敌人后院，建立区、乡人民政权，为粉碎敌人第二期的"清剿"创造了有利的条件。

1948年9月1日，喻英奇上任闽粤赣边区"剿总"指挥，改用集中兵力重叠配置钳形推进，轮番进攻战术，企图把人民武装压缩在狭窄地区，消耗兵员、弹药，使之失去连续作战的能力。人民武装则采取内线作战与外线作战相结合的战术打破。从中旬到月底，人民武装驰骋百里，使普宁、揭阳、惠来县城终日戒严，纷纷告急，迫使敌军从山地撤兵，从而取得第四次反"围剿"作战的胜利。同时，打开了平原军事、群众斗争的新局面。

（三）第五次反"围剿"斗争的胜利，彻底粉碎国民党的"清剿"计划

1948年10月初，潮汕地委在大北山召开干部会议后，丰顺县委在南溪食水坑召开会议，认真贯彻地委大北山会议精神，独二大队根据县委指示，开展杀敌立功运动，决心打好河西秋收保卫战，保卫八乡山根据地。八乡山成千上万民兵举行"保卫秋收，保卫解放区"的武装大检阅、大动员。河西500多名民兵上山筑工事，为主力部队在主战场歼灭敌人创造条件。

喻英奇为了挽救垂死局面，于11月初组织动员了3000兵力，分四路进犯大北山。潮汕支队司令部召开了两次作战会议，制定了两个预想伏击作战方案，决心采取各个突破战术。

11月11日，县独二大队配合第一团，对国民党县长吴式均率领的第三路侵犯河西之县自卫大队、联防队予以打击，一直追至石桥头。一团在河西亮相之后，星夜翻越伯公凹三座大山，回兵良田。潮汕支队副司令员张希非和团长丘志坚率领第一、第二连到茅凹嶂埋伏；第四连作为预备队，司令员刘向东率第三连和良田民兵在老虎石牵制河婆方向敌军，并在茅凹嶂设置埋伏圈。13日，吴式均带领自卫队和联防队600余人，配合王国权带领的保安十一营进入河西，并在南溪同德楼、礤下肚红莲寨、下陂、龙岭设据点，肆意施行"三光"政策，烧毁民房、学校50余幢，

抢走猪牛 300 余头，杀害无辜妇幼，一连摧残了 8 天，激起了军民的无比愤慨。敌人在佯攻大南山、南阳山后，集结于河婆。14 日下午，敌军主力广州行辕独立二团一营，和由保安十六团团长刘永图率领的第一路军经罗经坝、向良田突进。15 日上午 9 时，敌一路军 600 余人进入部队伏击圈后席地休息。一团乘敌喘息未定，集中火力，突然发起攻击，大举消灭敌前队方景韩营，并一举击退敌后队保八营。战斗持续至下午 4 时，形成僵持，潮汕支队司令决定主力撤出战斗。茅凹嶂伏击战，打败了敌人的正规军，计毙伤敌 110 名，俘敌 5 名，一团一连连长李快等 5 人壮烈牺牲。

根据潮汕支队司令部的部署，一团补充弹药之后，又迂回进军河西，与李彤领导的第六大队和独二大队协同作战。11 月 21 日晚，在副司令员张希非和县委书记王文波指挥下，由饶辉率独二大队配合杨贵生、胡冠英率领的河西突击队夜袭同德楼，由丘志坚率第一团和李彤率第六大队袭击红莲寨和龙岭下敌据点，双方抢占山头，进入村寨巷战，激战至翌日中午。接着，当天与敌来援的王国权率的保十一营又在南溪、红莲寨激战 1 天，歼灭县警第三中队，将十一营和吴式均率的县警队赶出河西，打垮了第三路敌军的进攻，取得了河西秋收保卫战的胜利。至此，彻底粉碎了喻英奇的第五次"围剿"，取得了最后一次反"围剿"的胜利。

第五次反"围剿"的胜利，标志着潮汕战场的一个重大转折，使敌人由重点进攻转入防御，而人民武装则由战略防御转入战略进攻。为此，县委提出"加快发展独二大队的力量，四方出击，瓦解联防，配合主力，解放丰顺"的方针。

三、粉碎国民党的"十字扫荡"和"分区驻剿"

丰顺北边，在中共粤东地委辖下的梅埔丰（埔丰）、梅兴丰华边县委领导下，砂胜武工队、黄金武工队、大龙华武工队、丰北武工队积极配合主力粤东支队和地方部队独一、独二、独三大队，于 1948 年粉碎涂思宗闽粤边区"剿匪"总指挥部的"十字扫荡"和"分区驻剿"。

涂思宗的第一次"扫荡"，从 1948 年 3 月中旬起至月底止，其重点进攻的目标是梅埔丰边、埔永梅边、杭武蕉梅边。

3 月 23 日，独二大队抓住战机在梅县雁洋的大石背伏击敌保五团三营（郭营），敌遭袭击退回。敌进攻埔永梅边和杭武蕉梅边，因受人民武装阻击或人民武装转移，一无所获，先后撤退。

涂思宗不甘心失败，再次调兵遣将，企图追击支队主力。为打破敌人的进攻部署，边工委组织部部长王维和粤东地委领导决定，配合主力外围作战，组织梅埔丰边的粤东支队独一、二、八大队攻打敌人后院丙村，牵制敌人。并于 4 月 17 日早晨分三路突袭丙村，攻陷警察所，毙、伤、俘敌 40 名，缴枪 30 多支。丙村守敌被歼，涂思宗顾此失彼，消灭粤东支队的计划未曾出笼就胎死腹中。

从 5 月到 6 月初，敌军又相继对梅兴丰华边、梅埔丰边、埔和边发动进攻。5 月 15 日，粤东支队独三大队在武工队和民兵配合下，在梅县长沙、畲坑一带打退敌人向梅兴丰华边的进犯。6

月 2 日，永和埔独立大队先后在埔东的银湖、大埔青溪等地激战，打退敌副总指挥陈铨所率闽保三团三营和一营对永和埔边根据地的进犯。

1948 年 6 月，中共中央香港分局确定潮汕地区划归闽粤边工委领导，并指示将中国人民解放军闽粤赣边区总队扩编为中国人民解放军闽粤赣边纵队，粤东支队编为边纵直属第一团。

涂思宗在"十字扫荡"计划破产后，于 1948 年 6 月下旬又炮制了一个"分区驻剿"的方案，对粤东地区进行"清剿"。粤东支队各独立大队与武工队密切配合，与"驻剿"之敌展开斗争。其中独三大队配合潮汕支队在八乡山一带粉碎喻英奇的第四次"围剿"，经过两个多月的斗争，涂思宗的"分区驻剿"实际上已经宣告破产。

涂思宗由于屡遭败绩，于 8 月底被宋子文免职。涂思宗的下台，标志着宋、涂的清剿计划在粤东地区的失败。

四、挺出外围配合反"清剿"打击敌人

丰顺东面的留隍区东留片，在中共潮澄饶丰山地工作委员会领导下，建立了以盐坪、大钱、茅村、九龙礤为中心的"三老家"革命根据地。为加强反"围剿"斗争的军事力量，1948 年 1 月上旬，中共潮澄饶丰山工委把潮澄饶丰武装队伍集中到"三老家"集训，提高队伍的政治和军事素质。并于 20 日在盐坪猪母髻营地正式成立潮澄饶丰人民抗征队独立中队，队长赵护，指导员庄明瑞。后还成立一个民兵基干大队。武工队以凤凰山根据地为立足点，在周围开展游击活动。

1948 年 1 月，正当喻英奇在部署"清剿"游击队尚未就绪时，潮澄饶丰山工委及时地作出了主动出击，加强外围牵制，掩护凤凰山斗争的反"围剿"决策。接着于 1948 年 1 月 21 日，潮澄饶丰人民抗征队独立中队在山区发起袭击凤凰圩的战斗，摧毁乡公所，给喻英奇的"清剿"以迎头痛击，在山区点燃了斗争的革命烈火。从 2 月至 3 月，先后袭击了饶平的隆都店市；又举兵袭击潮安仙洋、意溪等地；突袭澄海上中区；出击丰顺东留乡公所，均取得了较好的战果。

1948 年 3 月中旬，喻英奇调集兵力，三面围困凤凰山据点，频频派兵进犯东留。为挫败敌人的围困计划，加强和统一军事斗争的领导，3 月 9 日成立了潮澄饶丰武装工作委员会，吴健民任书记。抗征队独立中队扩编为第五和第六两个中队，并成立第四突击队，增建了各武工队。

经过几个月的内外线，平原与山地斗争相结合，人民武装不仅打破了敌人的封锁和围困，而且在斗争中壮大了自己的力量。同时沟通了和潮汕二支队、粤东一支队的联系，使凤凰山、五房山和铜鼓嶂根据地连成一片，形成农村包围城市的大好局面，为战略进攻奠定了胜利的基础。

1948 年底，游击区已扩大到全县 5 个行政区，包括了全县广大农村地区。八乡山、九龙嶂、铜鼓嶂、凤凰山的游击根据地亦进一步发展。建立起潮揭丰人民行政委员会、7个中共区委、4个乡政府，独二大队由武工队的十多人发展到200多人的地方部队，建立区一级武工队9个，各区委下辖的村乡都成立了农会和民兵组织。党、政、军的建设，使整个斗争形势发生了根本的变化。这为转入战略进攻，把根据地发展成为解放区以迎接大军南下打下了坚实的基础。

第四节　加强春季攻势解放丰顺

一、春季攻势的开展

经过辽沈、淮海、平津三大战役，国民党政府在长江以北的军事力量已全线崩溃，国民党在中国的反动统治即将完结，人民解放战争在全国的胜利即将到来。中共中央主席毛泽东在1948年12月30日为新华社所写的新年献词中发出"将革命进行到底"的伟大号召。在全国解放战争大好形势下，香港分局根据全国和华南斗争的有利形势，发出《关于迎接大军渡江和准备解放广州的指示信》。指示闽粤赣边区党委（1948年8月成立）必须加强兴、华、丰、梅工作，与粤赣湘边打成一片，并巩固韩江河东与闽西南的联系。随后，香港分局布置各地边纵开展春季攻势。

丰顺县委根据边区党委和潮汕地委指示精神，结合丰顺斗争的大好形势，提出"加速北山大队的力量，四方出击，瓦解联防点，配合主力部队解放丰顺"的方针，并具体部署二支五团、各区武工队和民兵，向平原进军，拔除区乡联防点，摧毁国民党县、区、乡反动统治，建立人民民主政权。

（一）闽粤赣边纵队和二支五团的成立

1948 年 12 月 27 日，党中央批复香港分局同意南方三个纵队的建立及所提三个纵队负责人员名单。1949 年 1 月 1 日，中国人民解放军总司令部公布了闽粤赣、粤赣湘、桂滇黔边纵队在各地成立的命令。闽粤赣边纵队以刘永生为司令员。下辖 5 个支队和 2 个直属团，其中潮汕部队属于第二支队，司令员刘向东、政治委员曾广。丰顺的南片（汤坑片）隶属第二支队；北部（丰良片）隶属第一支队；东部（留隍片）隶属第四支队。

丰顺县委为顺利解决建立武装团的问题，在大罗南溪背小学召开县委扩大会议，邀请独二大队和突击大队一级的党员干部参加，会上传达了中国人民解放军总司令部公布成立闽粤赣边纵队的命令，学习了党中央整风文件，用整风方法，开诚布公地摆看法，提意见，以统一认识，增强团结。会后又召开两个大队干部会议，宣布中国人民解放军闽粤赣边纵队第二支队第五团的建制为 3 个营，每个营 2 个连。团长饶辉，副团长胡冠英，政治委员王文波（兼），副政治委员丘达生，参谋长杨贵生，政治处主任徐真（后徐岱接任）。原独二大队汤坑武工队中队改为第一营，营长胡隆尧，教导员贝启业，副官胡佃夺。一营辖一连、二连。原突击大队改为第二营，营长杨龄（后接任副团长），教导员吴毅，副官胡陶。二营辖四连、五连。原独二大队东山武工队改为第三营，营长冯汉帮，副营长徐赫，教导员徐纯，副官徐远。三营辖七连、八连。二支五团纳入了中国人民解放军的战斗序列。它的成立标志着部队的建设由游击队向正规化道路上迈进了一大步。

（二）二支五团的战斗

五团正式成立后，为消灭敌人，鼓舞士气，团部经过周密侦察部署，于1月24日凌晨袭击埔头乡联防队。在人民武装军事和政治压力下，敌人乖乖把用200石谷新购进的轻机枪交了出来。五团达到预期的目的，旗开得胜，撤回后方，开会庆捷。

2月13日晚，在二支司令部直接指挥下，二支队一团、七团、五团第三次攻打埔仔寨。这次战斗共歼敌100多名，缴长短枪100多支。20日，二支五团第二营在政治委员王文波率领下，进入埔寨中学接受散兵交枪和收缴民枪，缴获短枪40余支，长枪300余支。埔仔寨的解放揭开了大北山区进攻敌人的序幕，打通了潮梅解放区的通道，震撼了平原的反动派。

2月下旬，丰顺县委和五团接潮汕地委和二支司令部命令，挥戈北上五华。3月中旬，五团第一营在团长饶辉和营长胡隆尧直接率领下，从八乡山大竹园出发，会合二支队一团、二团等兄弟部队，扫清双头等地反动残余势力。25日，和一、二团与司令员刘永生率领的边一团在坪上胜利会师。这次会师，标志着边纵组织上实现了由分散兵力打游击战，到集中兵力打运动战的战略转变；它显示着边纵开始以运动战为主要作战形式，集中优势兵力各个歼灭分区防御之敌。

二、解放汤坑和丰顺县城

4月21日，毛泽东主席，朱德总司令发布《向全国进军的命令》，中国人民解放军百万雄师，强渡长江，解放南京。在进军令的鼓舞下，边纵司令部于5月研究了战役发展的态势和兴梅敌军起义的动态，提出解放汤坑和丰顺县城的任务，推动兴梅敌军起义。五团接到二支司令部的指示，由团长饶辉和参谋长杨贵生前往棉湖，向司令部汇报和接受解放汤坑和县城的任务。

5月中旬，丰顺县委在大罗村南兴围召开县委扩大会议，传达潮汕地委和二支司令部关于决定解放汤坑、县城（丰良）的指示，拟定丰顺县军事管制委员会领导成员名单和做好接管城市准备工作。

（一）解放汤坑

解放军原定5月23日拂晓攻打汤坑，但接到徐挽中（旧职人员）从东山转来情报，说汤坑驻敌将于23日零时撤退，要逃去县城（丰良），即改为22日晚11时以前包围汤坑。22日晚，由边纵副司令员铁坚和二支副司令员陈彬直接指挥攻打汤坑。23日凌晨，部队向敌人发起进攻。

23日，总指挥部推进到汤坑民众图书馆。5月23日晚上，涵碧楼守敌接受投诚。至此，汤坑解放，缴获重、轻机枪各1挺，步枪310多支，短枪27支。对投诚起义的270多人，经教育后释放。

（二）解放县城

县城（丰良）地处潮汕和兴梅交界处，在揭丰兴和丰留公路中心地，是国民党反动派的封建堡垒。

汤坑解放后，边纵司令部随即开会制定解放县城的作战计划。5 月 24 日晚，由边纵副司令员铁坚率领边一团、边二团和二支五团第一、二营，发扬连续作战的精神，星夜爬山越岭 30 多千米，包围丰良，攻打县城。5 月 25 日凌晨，战斗一开始，边二团直插西北莘坡村，由一连冲上村后山顶与敌激战，抢夺制高点。二连攻占西片的莘坡崀，敌人向莘坡吴式均大院撤退。城西北为边二团控制，并向县城攻击。边一团也控制了城东南的大人崀和大岌崀等制高点。上午 10 时向敌坡岭崀堡垒攻击。激战 1 天，敌难以招架，下午 5 时向县城内撤退，并在夜晚沿新畲岭下和塔山下的东河床狼狈逃跑，星夜经黄金至留隍。解放军部队于 26 日胜利开进县城，是役，缴获敌人无线电台 2 架、轻机枪 2 挺、花机枪 2 挺、迫击炮 1 门、长枪 99 支、短枪 14 支及军用物资一批。

在攻陷县城前后，中共梅兴丰华边县委执委、一支队独三大队政治处主任陈华率一个班和丰北区武工队，从丰北出发，扫除了马图、龙岗、大田等地联防队，缴枪 300 多支。中共大龙华区委书记曾伍和武工队队长钟良，率部分武工队人员和铜山民兵50 多人，收缴了大龙华乡径门、祈头营等地联防队的长短枪 80 多支。

至此，潮梅公路全线被人民武装打通，潮汕解放区与兴梅解放区连成一片。同时，实现了华南分局提出的把闽粤赣与粤赣湘边连成一片的战略任务，成为华南的一块大解放区，为直接配合南下大军作战奠定了坚实基础。

于5月17日起义的省保安十二团副团长张兆诗，带领该团第一、二营的7个连队于5月20日在梅县叛变。这股敌人洗劫了丙村之后逃至留隍，并从留隍越东关凹向县城反扑，于6月12日重新占领了县城。

边纵司令部及时做出决定，组织边一团、边七团和边二团及二支五团第一、二营，共同消灭占据县城的张兆诗保安团。6月15日凌晨，边纵部队向县城发起进攻，战斗持续至下午5时许，敌人全线溃退。天黑后，便仓皇逃窜到留隍。

三、加强党政建设和民主政权的建立

1948年4月上旬，潮汕地委在良田惹角丘召开会议，传达毛泽东在《目前形势和我们的任务》中的指示，根据关于"组成民族统一战线，打倒蒋介石独裁政府，成立民主联合政府"的政治纲领，决定加强党的领导，发展党组织，建立民主政权，以统一领导根据地的政权建设。

（一）健全县委组织和各区区委建立

1948年3月中共丰顺县工委改为县委后，在县委领导下，根据地军民取得了反"围剿"的伟大胜利。在反"围剿"斗争中，全县党员由1947年5月的88人（其中丰北片留隍片25人），发展为1948年底的341人（其中丰北片、留隍片66人）。

1949年5月下旬，汤坑和县城解放后，丰顺县委由八乡山小溪锅笃潭迁至汤坑民众图书馆。1949年1月丰顺县委下辖：东山区委、河南区工委。5月后下辖：第一区委（汤西）、第二区委（汤坑）、第三区（汤南）、第四区（丰良）。属于丰顺地域，隶属梅州地委梅埔丰边县委下辖的丰北片有：砂胜区委、大龙华区委。梅兴丰华边县委下辖丰北区；韩东地委潮饶丰边县委下辖的东留区委；饶和埔丰县委下辖有潭江区特派员。据1949年10月统计，全县有党员506人。

（二）人民政权的建设

根据潮汕地委决定，于1月在八乡山成立丰（顺）（五）华兴（宁）人民行政委员会（主管丰顺），下辖有东山区、河南区和直辖八乡的上四乡、下四乡人民政府，汤西的河西乡人民政府。管辖区域有汤坑区（三汤片）、丰良的丰南片、潘田的东南片，还有揭阳县、五华县、兴宁县的交界处。

4月中旬在大罗南溪背祠堂召开有30多人参加的青妇会议。会上，传达了县委关于建立丰顺县新民主主义青年团和丰顺县妇女联合会的决定。

6月，根据华南分局指示，撤销丰华兴人民行政委员会，在县城（丰良）成立丰顺县人民行政委员会，主任委员丘峰，副主任委员徐松（8月后改为丰顺县人民政府，县长丘峰）。

1949年5月23日至26日，汤坑和丰顺县城先后解放，为了维持社会治安，安定市场秩序，接收敌伪机关，于26日在县城（丰良）成立中国人民解放军闽粤赣边纵第二支队丰顺县军事管制委员会，主任委员丘峰。机关设在原国民党县政府所在地。下设5科，和丰顺县人民行政委员会辖下的科一起办公，是两个招牌，一套人马。同时，成立中国人民解放军闽粤赣边纵第二支队汤坑市军事管制委员会，主任委员徐松。并发布了《关于维护社会秩序戒严布告》《城市纪律八大守则》。

第五节　配合南下大军作战解放丰顺全境

一、胡琏军南窜与边区人民武装的部署

广州"绥署"主任余汉谋集团企图负隅顽抗，等待时机，东山再起。根据余汉谋的部署，第十二兵团（胡琏兵团）在大军攻粤前，以其在兴梅的第十军会同闽粤边区"剿总"喻英奇部第一〇九军的三二一师和从台湾调来的原胡琏兵团的第十八军十一师，进攻阴那、八乡山地区的游击根据地。敌第十八军十一师3个团于1949年6月底从台湾渡海至汕头登陆，并部署八乡山、阴那山南面的潮汕各县的城镇。被南下大军追击的敌第十二兵团第十军的十八师、七十五师，于7月上旬向兴梅逃窜，向八乡山、阴那山等根据地夹击。

根据边区出现的严重局势，闽粤赣边区党委于7月3日、6日、13日连续发出指示：敌重占已解放的若干城镇及交通要道，在大军暂未南下之时，有可能侵入农村抓丁抢粮，然后从潮汕港口逃走。敌虽疯狂，只不过是垂死前的最后挣扎。因此，边纵各部队应在地方团队、武工队和广大民兵配合下，依托农村开展游击战，

保卫家乡，保卫夏收；掩护各基地安全完成培训干部工作；隔断敌人各个据点，以便有利时机集中优势兵力歼其一部，务使其企图不能得逞。随即部署边纵主力于丰北、埔南，控制韩江并依托有利地形歼敌一部。梅州的一支队在梅蕉平边，拖住敌人前进，伺机抄其后方，潮汕的二支队策应。韩东的四支队则相机向南推进威胁澄海、汕头之敌。

二、依托根据地阻击北犯之敌

6月30日，中国人民解放军闽粤赣边纵队司令员刘永生、副司令员铁坚，率领边一团、边二团、边七团、暂编第三支队攻打留隍镇，与国民党十八军十一师刘汉鼎部、保安司令兼闽粤边"剿匪"总指挥喻英奇率下的九六一团、马汉初部激战1天，然后在当晚撤退。这次战役，是闽粤赣边纵队成立以来一次较大的战斗，也是粤东地区在解放战争时期一次较大的战斗。此役，共打死、打伤敌人200多人，人民军队也伤亡数十人。

留隍战斗，阻碍了敌人第十一师北上与胡琏会师的计划；打乱了广州"绥署"作战计划中，关于喻英奇要以主力军攻打阴那山、八乡山，限期"肃清"人民军队的计划；留隍战斗后，方方率华南分局由香港取道潮汕、兴梅到赣州与叶剑英会师，大大加快了解放华南和闽粤赣边区的进程。

1949年7月上旬，为了粉碎敌人企图，根据边纵首长决定成立了潮汕地区指挥部。

潮汕地区指挥部把边纵暂编三支队部署在丰顺县和兴宁交界边。决定以二支七团、五团第二营配合暂编三支队攻打揭阳新亨之敌，以牵制揭阳之敌不能增援普宁，并达到消灭敌人有生力量的目的。部队经过3天激烈的战斗，胜利完成阻击任务，撤离阵地。7月17日，县委在汤坑大操场召开万人庆捷大会。

8月初，敌第十军、十八军压境。丰顺县委事先接到情报，及时进行部署，布置五团一营在县城，二营、三营在汤坑做好掩护机关人员和群众撤退，发动群众做好安全转移工作，有秩序地把粮食、物资疏散隐蔽好。3日下午又接到紧急情报，敌第十八军十一师由揭阳北犯汤坑，十军南犯丰良。

五团二营在掩护汤坑各机关撤退后，在营长杨龄率领下与边五团配合占领赤狗岭，阻击汤坑方向之来敌。接着敌又一路从长坑、双鹿来夹攻，双方激战近一个上午。部队胜利完成阻击敌人的任务，主动撤退到南礤和八乡山一带。此后，敌进攻八乡山，企图消灭人民武装的行动已失败。

三、追歼逃敌，丰顺全境的解放

（一）组织迎接大军动委会

为了做好全县接管工作，根据丰顺县委指示，由宣传部和文教科主办，于1949年8月在八乡山滩下村举办政宣训练班，参加人数70人。主要学习毛泽东的《新民主主义论》和《论人民民主专政》及整风文献等，时间2个月。

9月4日，由司令员刘永生、副司令员铁坚率边一、边二和边七团护送华南分局书记方方和华南分局机关，抵达江西会昌县城与南下大军四十八军胜利会师。

9月19日，县委根据潮汕地委4日发出《机关拥军、助战、组织欢迎大军动员委员会的指示》，在河西召开丰顺县迎接南下大军动委会筹备会议。会后，各区、乡、村政府分别召开群众大会，动员群众做好支前和迎接南下大军工作。家家户户踊跃捐献慰劳品，按时价折谷共2326担，慰问大军，并在公路集队迎军拥军，支前参战。

在大军南下前后，县委领导党、政、军、民共同协作，配合边纵主力，全面出击，追歼南逃之敌。9月下旬，敌第七十二团一个营驻梅县畲坑，一个营驻兴宁水口，一个营驻丰顺径心。边纵司令部根据三个地方敌军情况，决定集中三个团的兵力，逐次加以消灭。其中，边一团和边七团各一小部兵力牵制径心、水口之敌，9月30日下午，径心和水口之敌连夜逃窜到丰顺县城丰良。四区武工队及民兵先后在猴子岽一带配合部队拖住敌人，西线武工队在径心俘敌2人，又在青潭圩捉了2名乔装商人的敌军官。在畲坑打败仗的逃兵逃到建桥坪上岗时，又被捕获6人。10月3日，武工队及民兵200多人为迎接边一团和边七团到来，抢登了县城周围各山头，敌人见到部队占领山头，认为南下大军已包围县城，晚上8时狼狈向留隍方向逃窜。10月3日晚上克复县城，全城人民再次欢庆解放。10月6日留隍解放。

汤坑片也到处袭击南逃敌人，汤南武工队罗俊学在龙上埔活捉1个敌人后，党总支书记黄明总结表彰了这一事例，号召开展抓俘虏活动，连赤手空拳的交通员罗晓也抓了1个散兵，武工队连续抓了数个俘虏兵。10月5日，纵队司令部率边一团、边七团从梅县翻山越过九龙嶂，直插县城。接着又爬过伯公凹直奔汤坑，驻汤坑胡琏敌军闻风丧胆，于10月6日下午6时向揭阳逃窜，当晚，五团进入汤坑。至此，丰顺全境解放。

四、庆祝胜利和恢复丰顺县建制

10月17日和11月7日丰顺县党政军机关和广大人民群众，分别在汤坑和丰良隆重召开大会，热烈庆祝中国人民解放战争的胜利和中华人民共和国成立，热烈庆祝丰顺全境解放。

随着丰顺全境的解放，丰顺县党政军领导机构逐步完善，并恢复县建制。解放战争时期，丰顺已于1947年建立丰顺县工委，次年改为丰顺县委。1949年初成立丰华兴人民行政委员会（主管丰顺），5月解放县城后，改为丰顺县人民行政委员会，8月28日成立丰顺县人民政府。

随着潮汕地区解放，原来丰顺县委下辖有汤西（第一）区委、汤坑（第二）区委、汤南（第三）区总支、丰良（第四）区总支，均改设为区党委。1949年11月至12月按上级党委决定，先后将原潮饶丰边县委下辖的留隍区、潭江区归属丰顺县委管辖，并成立留隍（第五）区委、潭江（第七）区委。1950年3月，又奉上级党委指示，将原来丰北县委（1949年11月成立，特派员制）下辖的砂胜区、黄金区、大龙华区划归丰顺县委管辖。同时，将砂胜区并入潭江区，黄金区则与大龙华区合并为黄金（第六）区委。县委机关设在汤坑。县人民政府成立后，1950年11月21日经广东省人民政府批准，汤坑镇作县城所在地，成为丰顺新县城。丰顺县委在丰顺解放后至1949年12月，仍隶属于中共潮汕地委。1950年1月隶属中共兴梅地委。

二支五团在解放丰顺全境和支援解放潮汕取得最后胜利后，结束了自己的光辉战斗历程。部队有一部分人转为地方工作。

为了接管广州市工作，根据华南分局和潮汕地委指示，丰顺县委抽调丘飞、张其光、巫一帆、曾涤稳、丁广傅、吴均、王建宋、刘英、刘嘉华等12人编入华南工作团第二团，然后参加接管广州工作。

至此，丰顺县人民在中国共产党领导下，揭开了丰顺历史新篇章。中共丰顺县委担负起领导全县人民建设新生活的重任，带领全县人民进入社会主义革命和建设新的历史时期。

后 记

在中国共产党成立100周年、中央苏区正式成立90周年之际，《广东中央苏区革命简史》丛书之一的《广东中央苏区丰顺革命简史》（下称本书）终于成书付梓，为党的100周年华诞献上一份厚礼。这对深化丰顺县作为中央苏区范围的革命历史研究，宣传丰顺苏区革命历史，传承红色基因，弘扬红色文化，推动老区苏区振兴发展等具有重要的现实意义。

本书以习近平新时代中国特色社会主义思想为指导，贯彻落实习近平总书记关于党史与党史工作的重要讲话精神和关于传承红色基因、弘扬革命精神的重要论述，简要讲述在新民主主义革命时期，丰顺地方党组织坚持贯彻上级党组织的指示精神，带领当地人民群众进行艰苦奋斗的革命历史。

本书分前言、大革命时期、土地革命战争时期、全民族抗日战争时期、解放战争时期、后记六个部分。以《中共丰顺地方历史（上卷）》为基础，参阅了相关文献资料，走访有关人员，适当增加和补充了丰顺县作为原中央苏区范围的最新研究成果，对原文内容中发生的时间、地点等个别字句叙述不够准确或者不够完整、连贯之处，在经过认真核实后，给予相应的修改和补充。由卢胜文和曾杏美负责撰稿，简光瑞和张国强审修，曾杏美、黄喜勤和曾波具体负责编辑，文会玲、谢定锋和陈志纯等协助校对等，最后由卢胜文和曾杏梅审核及统稿。通过认真编撰，严格把关，数易其稿，方送省、市委党史研究室审定后出版。

以史为鉴、以史育人。丰顺县的近现代史是丰顺人民在中国共产党带领下，为争取民族独立、人民当家做主，进行前赴后继、英勇顽强、百折不挠、艰苦卓绝斗争的历史，是丰顺县历史上最为可歌可泣的篇章。本书坚持运用马克思主义唯物史观看待历史事件和人物，以求达到全面、客观、历史、辩证地准确认识和把握丰顺革命历史。广大读者通过阅读本书，能够比较全面了解丰顺县光辉的革命历史，从而自觉在砥砺奋斗中强化义不容辞的使命担当，自觉在传承红色基因中汲取继往开来的精神力量，用革命先烈先辈的感人事迹和不屈不挠的奋斗精神鼓舞士气、激励自己，不断升华思想境界、陶冶道德情操、涵养浩然正气，用心用情用力，推动丰顺老区苏区振兴发展。

本书的编撰，得到了省、市党史部门的具体指导和县委、县政府领导的大力支持，也得到了党史相关老领导和文史工作人员、摄影爱好者的帮助，在此谨表谢意。

由于历史年代久远，编撰时间匆促，而且编者水平和掌握的史料有限，本书错漏之处在所难免，谨请读者批评指正。

编　者

2021 年 3 月